大家小史

中国文化小史

常乃惪——著

中国经济出版社
CHINA ECONOMIC PUBLISHING HOUSE
·北京·

编者的话

20世纪初的中国，正值西方文化猛烈冲击民族文化的时期，在这种情况下，如何继承与发展民族文化成为一个重要且必要的课题。

一批旨在宣传中国传统文化的著作喷涌而出，而这些著作由于产生时代的特殊性，不仅具有普及传统文化的作用，更能看出20世纪文人对文化有着怎样的思考。

为此，编者特别策划这套"大家小史"，以展现中国传统文化的多样性和丰富内涵。"大家"，即每册书的作者都是20世纪较有名气，且在自己所处领域有所建树的人；"小史"，即每册书的内容都是按照历史顺序讲述，且篇幅相对短。

本书写于1928年，常乃惠先生在书中梳理了史前至"五四"新文化运动各历史时期中国文化的特征及发展情况，并着重说明了中国传统文化对历史进程的影响。

由于时代不同，书中一些旧提法，如今已不再使用，编者仍保持原貌，以不失作者原意及时代特色；作者观点不代表出版方立场，望读者明鉴。另外，某些字词及标点符号的使用与现今有所不同，编者为照顾现代读者的阅读体验，对部分原文进行了改动。原文字词按照《现代汉语词典（第7版）》进行统一，如"叫做"改为"叫作"；原文标点符号按照《标点符号用法》（GB/T 15834—2011）进行修正；书中民国纪年按中华民国成立起算，如民国元年为1912年，民国二年为1913年，以此类推，正文中不再注明。

目 录

- 001 序
- 003 第一章 什么是中国文化
- 017 第二章 有史以前的中国人民
- 035 第三章 宗法社会与封建制度之进化
- 055 第四章 从上古文化到中古文化的特变期
——春秋时代
- 071 第五章 古代文化的成熟期——战国时代
- 085 第六章 大帝国的出现
- 105 第七章 怀疑与黑暗时代
- 119 第八章 新文化成熟时代
- 133 第九章 隋唐帝国的黄金时代
- 153 第十章 文化的收敛与民族的屈辱
- 171 第十一章 东西交通之初启与民族精神之复兴
- 189 第十二章 民族思想之成熟与考证学之兴

209　第十三章　海通以后的文化转变期

225　第十四章　民国十七年来的中国文化运动鸟瞰

239　第十五章　今后中国文化上之诸问题

关于这本《中国文化小史》，我有几句要表白的话。

这部书自然是很简陋的，不过就目前的出版界看起来，似乎还不无一看之价值。其中如中国上古文化之多元说、如商朝与古代东方民族的关系、如封建制度与驻防制度之比较、如韩非子集上古学术之大成说、如阴阳家为海国民族思想应特别注意研究之类，都是很值得注意的问题，将来想提出来单独研究的。

这部书最抱歉的是因为没有正确的中西对照年表在手边，不能将中国历史上的年代一一换算为西历纪元，在初学者读起来或者稍感困难一些。此外因为自己没有工夫做索引，又请不到帮忙的人，只好暂缺了。

我希望这本小书能给读者多少对于中国文化了解上的一点帮助，这是很荣幸不尽的。

中华民国十七年六月

著者于上海

第一章

什么是中国文化

文化的意义

中国民族是有文化的民族吗？我想任何人都可以不迟疑地答道"是的"。中国的文化究竟是些什么东西？我想任何人都不能立刻就回答出来。文化本来是个含有极复杂意义的名词，不是用简单的话所能包括尽的。我们通常的见解，以为文化史就是思想学术的历史，这个观念是错误的，思想学术不过是文化的一部分，还不能就代表了文化的全体。文化是从学术思想到饮食起居全部的生活状态的抽象名词。围绕着我们的一切，都是文化。而且文化还不仅仅是代表物质上的生活，它更代表着人类精神上的努力，一切的道德、理想、组织、制度都是文化的表现。因此文化是一个极广大的名词，不是三言五语所可包括得尽的。

第一章 什么是中国文化

研究中国文化问题之困难

文化虽是个内容极复杂的东西,但是近代经许多西洋社会学家、历史学家的努力,对于世界人类的文化状态已经研究到相当的精密程度,我们有志研究世界文化史的人,只要找几部相当有名的著作来翻读一下,就可得了个大概的观念。但是研究中国的文化问题就不能如此便利。我们的历史虽也丰富,但未经相当的整理;我们的社会调查丝毫未经着手;我们的考古学、人种学、地质学都未发达;我们不能在这些准备未完成以前,就希望有好的文化史出来。真正完备的文化史之出现尚须有待。

研究中国文化问题的几条歧路

自然,我们不能说在诸种准备未完成以前,就不许人做中国文化的研究,因此研究中国文化史的人还是很多。不过在现今研究中国文化的历史,最怕走入几条歧路。有一种人绝对相信古书，以为凡古书所载都是真的，结果虚伪者认为真实，矛盾者代为弥补，支离破碎，有百伪而无一真，这种文化史是无价值的。还有一种人偏好偏爱，对于文化的史迹任意以私见去取，结果所谓文化史者，只是一部分生活，或者制度，或者思想的历史，偏而不全，也是不配称作文化史的。还有一种人以为文化史的责任只在呆板板地叙述几种固定的事实便算完了责任，殊不知文化史的责任是在给后人指示出一个以往国民努力和进步的痕迹，对于动的方面的描写更要于静的方面的描写，尤其是记录国民文化史的人，对于自己民族所受或所给予其他民族的影响是万不能忽略过去的。

正确的来源

我们现在做中国文化史的研究，第一步就要注重材料来源的正确与否，这件事虽似困难，但也有相当的凭借。因为近三百年以来，中国学者对于考据真伪书籍的工作已很有成绩，我们根据这种成绩去做进一步的研究就比较容易些。

第一章　什么是中国文化

我们在研究的时候，对于已判明系虚伪的材料，应该绝对屏弃，不可引用；对于虚伪成分较多之材料，也应审慎引用，并注明其怀疑之点；对于普通的材料，偶有疑问，也应提醒。总之与其轻信，不如轻疑，这是治学的最要方法。不过中国一切考古学、地质学等都未发达，在研究古史的时候，倘若完全不信任书籍，则无从着手，故书籍之采用亦为不得已之举，不过须审慎引用罢了。

平均的叙述

文化史非政治史，也非思想史，其内容应该包括国民全体的精神和物质进展的状态在内，所以编制最难。稍一不慎，即有偏重之虞。理想的文化史，应该对于民族成绩的各方面加以公平的叙述才是。

活动的描写

要表现出国民的精神和物质的进展状态,有时便不能不抛弃板滞的记录而加重生动的描写。因为有时具体记录所表现不出的内在精神,非用抽象的理论加以解释不可。故理想的文化史必多少带有史论的性质,不过不可空论太多,影响事实的真相罢了。

我们这本小册子的主旨

本书是一种通俗的小册子,与专门著作不同,故所探事实俱皆一般承认之事实,务求以通俗之描写使读者知中国文化进行之概况,一切枝节问题多避而不谈。

第一章　什么是中国文化

中国文化之八时期

在分章叙述之先，对于中国文化的进展情形做一个大概的叙述是很必要的。就一般研究起来，中国民族的文化发展大约经过八个时期：第一个是自太古至西周的宗法社会时期；第二个是春秋、战国时代的宗法社会破裂后文化自由发展的时期；第三个是秦、汉两代统一安定向外发展的时期；第四个是魏、晋、六朝民族移徙印度新文化输入的时期；第五个是隋、唐两代民族同化成功新文化出现的时期；第六个是晚唐、五代、宋朝民族能力萎缩保守思想成熟的时期；第七个是元、明、清三朝与西方文化接触逐渐蜕新的时期；第八个是晚清以至今日大革新的时期。

古代之文化

本来就民族进化情形看来，尧舜以前和尧舜以后的中国社会情形是绝对不同的。尧舜以前中国民族尚在野蛮时代，

道统五祖像 帝尧立像 〔宋〕马麟 绘

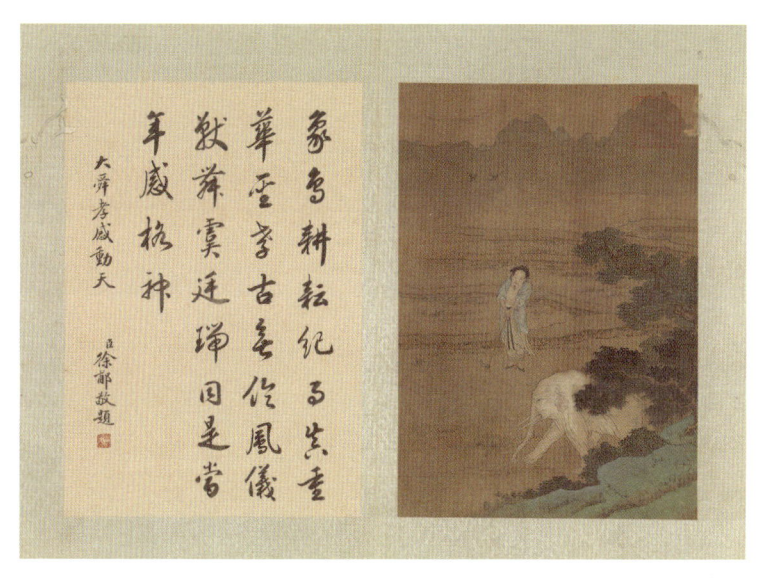

二十四孝册　大舜孝感动天　〔明〕仇英　绘　〔清〕徐郙　题

社会的组织是游牧组织,并不固定,到尧舜以后才逐渐有固定的农业生活和宗法组织出现。故事实上古代文化应分游牧文化与农国文化两期。不过游牧文化无书籍可考,现今考古学又未发达,故此时代的材料甚为缺少,只得附见于宗法社会期内了。

春秋战国时代

中国民族的精神和物质到这个时期都大有进步,进步的重要原因是从前许多异民族到此都同化了,同化之后自然发生出绝大的光芒来。这可算得我们民族最光荣的时代。

统一帝国之出现

经过了春秋战国的民族融合和思想竞争,便自然产出秦汉的统一大帝国来。所有统一帝国的好处如和平、进步、发展，坏处如专制、腐败、愚暗，都在此时期尽量发挥出来。

怀疑的时代

汉朝大帝国到了东汉，便已因腐败而呈了种种不安的现象了。到了西晋，思想上的怀疑和民族上的移徙同时并起，造成了历史上的黑暗时代。但是恰好印度文化结晶的佛教挟民族移徙之势以侵入，救济了思想上的饥渴，而对于团结异民族使之同化也有功效。

新建设的成功

到了齐梁以后，新文化的建设已逐渐成功，而民族的同化也成熟了，于是产出了隋、唐两代的新帝国，在这新帝国中虽然也时有变乱发生，但无处不表现出民族和个人的伟大魄力来。

保守的时期

隋、唐大帝国之所以成功，根本原因在于民族的混合，不幸这个工作尚未成熟，便启了安禄山之叛乱，帝国又分裂。二百多年的内乱将中国民族的精神萎缩殆尽，到了五代宋初，外交上的屈辱现象、政治上的苟安空气、学术上的保守思想，都纷纷出现了。宋朝一代我们不能说它没有文化，但只是暮气民族的文化。

新时代之曙光

因为这种暮气的文化，中国遂召了契丹、女真、蒙古、满洲四次的征服。也幸而因为这种征服，才开了历史上第二次与西方文化接触之端。从元、明到清初都代表了这个新时代开幕前之状况。

第一章　什么是中国文化

新时代之出现

到鸦片战争一役，揭开了这个新时代的幕，底下跟着的是民族的屈辱和觉醒、西方文化之输入，目前正在激烈变化之中，前途所届如何？虽不可知，但其为酝酿一种新国民的新光明文化之出现，则为一定的事实。

我们的努力

因此，我们现代的青年，对于祖国文化的中兴是负有重大的责任的。文化的复兴可以救济民族的屈辱，文化的衰退就是民族精神萎缩的征兆。中国青年的责任再没有像现在一样重大的。

千里江山图（局部） 〔宋〕王希孟 绘

第二章
有史以前的中国人民

中国历史的托始期

中国是个富于实际性的民族，故历史之起源颇早，不过仔细考察起来，究竟真正可靠的历史起于何时，也很难说的。《尚书》以《尧典》为首篇，相传系夏史官所纪；《史记》则较《尚书》为早，《五帝本纪》托始于黄帝，但自周召共和以后才有真正的年龄可考；其后晋皇甫谧补《三皇本纪》则于五帝以前又提出三皇；宋罗泌著《路史》更溯及开辟之神话。以今日的眼光看来，盘古、三皇固系完全神话，即黄帝的事迹亦尚在可信可疑之间，比较可靠的还要算《尧典》所纪尧舜之事，虽然现今亦有人对于尧舜禹等时代的史实都加怀疑，但在未经确实证明以前，我们姑且相信自尧舜以后为有史时期，尧舜以前或许已有文字，而尚无书契，只可认为系史前时代了。

第二章　有史以前的中国人民

最古的人类

因为考古学和地质学在中国都未发达,所以古代东亚大陆上的实在情形尚未能明了。据河南仰韶村所发现的新石器时代的古物及长城附近发掘之人骨而观,则至少二万年以前中国已有人迹。唯此种人属于何种族,其生活状况如何,概因无详细之研究,不能确知。

汉族西来说之考察

最近八十年来,在欧洲和日本都有一种对于中国民族系从西方迁徙来之学说。其迁徙之时代大约在黄帝时代,从亚洲西部侵入中国,此种侵入之民族大约与古巴比伦民族有关,在未侵入以前,中国本地或有一种土著民族,为外来之民族战胜后始逐渐向西南山地退避,即成为今日之苗族,其新来种族战胜后即占据黄河流域,为今日汉族之始祖。以上这种说法虽不无一部分之理由,然因其根据材料多不坚固,故尚未能完全成立。但无论汉族西来说之成立与否,总之中国本地在上古必有人类栖息,则为至确不疑之事实。

上古人类分布之状况

普通历史所载上古事迹,多与黄河流域有关。因之人多以为上古人类只居住于黄河中下流,即今山东、河南二省一带。其实不然。黄河流域不过是后来文化较发展的地方,其他地方也非无人类的痕迹,如巴蜀、如荆蛮、如獯鬻①、如肃慎,其民族必与黄河流域之人类同时或稍后发生,不过后来因环境的关系遂有进化、不进化之别罢了。

---

① 即狎狁,又称"猃狁""荤粥""獯鬻""熏育""荤允"等。古族名。《史记》载黄帝北逐荤粥。殷周之际,分布在今陕西省、甘肃省北境及内蒙古自治区西部。从事游牧活动。春秋时被称作"戎""狄"。东汉服虔《春秋左氏传解谊》载:"尧时曰荤粥,周曰猃狁,秦曰匈奴。"

黄河地图（局部） 〔明〕佚名 绘

上古的文化中枢

普通的意见还有一种错误,就是以为上古中国的文化中枢只有一个,就是黄河流域。其实也不然。上古中国因地势和交通的关系,各地方的民族彼此不相往来。容易各自产生独立的文化,乃事理之当然。就我们今日所知,黄河流域以外,尚有几个文化中枢。如山东半岛和江苏北部为东夷族之文化中枢、四川中部为巴蜀族之文化中枢、长江中流为苗族之文化中枢,这都是可信的事实,其他如獯狁、如闽粤诸族虽未开化,然低级的文化亦并非没有的。

黄河流域特别发展的原因

古代民族既系各自发生,何以后来黄河流域的文化独占优势呢?由今推之,大约有几种原因:第一,当时长江流域尚在沮洳时代,人类不易栖息,黄河流域土旷地高,较便居住;第二,黄河流域土地肥沃,气候温暖便于农耕;第三,黄河流域因系平原，与四围诸族容易接触，故进步较速。这三个原因大约都是很主要的。

最初之生活

人类的进化都是从渔猎生活经过畜牧生活而到农业生活，古代中国人的进化当亦不外于此。中国古史虽不可靠，但其一般传说颇能表示社会进化的次第，如谓古帝王有燧人氏、有巢氏、庖牺氏、神农氏等，显然表示一种进化的层次。我们若把这些古帝王完全认为实有，固然不是，然若概认为无稽之谈，不加理会，也非研究初民思想之道。

山居与水居

就古史及一般文字的记载研究起来，中国史前人民的生活大约有山居、水居两种。山居者，中国古代称人民为"丘民"，称群众为"林蒸"，都可证明人类系属山居；水居者，中国的古代货币名都从"贝"字，可证明系水旁民族的生活。不过这些文字之证尚未足为强有力之证据，真正证据须待考古学发达以后耳。

最初的饮食

人类最初曾经过生食的时代，是普遍相信的，中国古史也说人类最初系茹毛饮血，至燧人氏出始教民钻木取火，始有火食。燧人氏自然并无其人，不过代表一个时代，这个时代究竟距今若干年，尚不可知。总之自取火之法发明，人类始有熟食，是可断言的。而火之发明，不但饮食有了变迁，即一切生活亦均受其影响而发生进步。故火之出现，可视为文化之起点。

第二章 有史以前的中国人民

居住的进化

高等动物之营巢、觅穴之本能已发达,故不必待有人类,已有居住问题。石器时代的人多居于洞穴,惜中国尚无此项古代人类的洞穴发现,故不能就以研究原人的生活。至于巢居生活,大约甚普遍,故有有巢氏教民架木为巢之传说。

无衣时代

衣服的出现大约很迟,据史当在黄帝以后。以前的人亦并非完全裸体,不过仅在身上系一块兽皮而已。

用具的进化

古代人类社会由石器进而至铜器、铁器时代，此为普通之次第。中国之古石器近来发掘渐多，其时代似乎很近，大约至黄帝以后才逐渐入于铜器时代。至于舟车箭弓矢等制造，更在黄帝以后了。

社会的组织

古代中国人的社会组织如何？至今亦无确实可靠之证据，大约不外系多数依血统结合的小部落，每部落中有酋长为之统率。古史所谓九皇、六十四民，即此类部落酋长而已。

古代帝皇图 〔五代前蜀〕贯休 绘

婚姻的进化

古代人类多属掠夺婚制,其后乃进而为购买婚制,史称庖牺氏始教民以二俪皮①制嫁娶之礼,此为购买婚姻初起之时。

财产与货币观念

最古的人类都是实行一种部落的共产制,即一群之中有公共的财产而无私人的财产,私有财产的起源大约承牧畜事业已经发达之后。神农氏教民日中为市,是不但财产私有而且有交易行为了。货币的使用大约亦始于此时。从字形"财""货"等字之从"贝"旁,可想见最古货币之使用必起于东方海滨居民,或者古代山东半岛一带文化较高于黄河中流也未可知。

---

① 即成对的鹿皮。古代订婚的礼物之一。

第二章　有史以前的中国人民

最初之宗教

中国最初之宗教如何？我们现在尚不能知，大约不外最低级之拜物教而已。观于尧舜以后多神教尚普遍于中国，可见古代也不会更高的。其所崇拜者大约多系动植物或无生物，后来才渐渐以英雄伟人当作崇拜的对象，这种人神杂糅的现象一直经过了好多年代。

文字的起源

古代人类以结绳代文字，真正文字的起源，未确定在何时。史虽有仓颉造字之说，然文字系逐渐演化而来，绝非一人所能造成。八卦或即为最初的文字或数码，其后乃有象形文字出现，大约已到黄帝时代了。

由行国到居国

在游猎和畜牧时代，人类都是迁徙往来无常处的，到了农业时代，人类生活才安定。中国的农业生活相传开始于神农，但此时也不过一部分人民进步到这程度而已。观黄帝时代尚以师兵为营卫，迁徙往来无常处，可见农业生活到那时还没有普及。

部落的合并

原始部落因战争、婚姻或其他关系，逐渐由小合并成大，渐渐有大的首领出现，这种情形大约自黄帝时代为始，黄帝和蚩尤都是当时的大首领，与从前的小部落情形就不同了。

由女性中心到男性中心

古代是否女子权力大于男子，尚不可知，但至少其部族的团结是从女系的。文字上"姓"字从"女"、从"生"，表示"女所生也"之义，这就是代表古代姓的观念。其后血族的部落打破，有了超血族以上的政治联合，才以强有力的男性为中心。

政治组织之进化

最初部落系以血统为结合，故其组织很简单，仅有酋长一人为领袖，其后慢慢分化，一部落之中有专司宗教的巫史，有专司战争的武士，而后有统摄各部落的"皇"或"帝"出现。官制也逐渐复杂，据《左传》所载，官制起于伏羲，但颛顼以后始以民纪官，大约颛顼以后才渐渐有职官之设备了。

朕纘承
祖宗右文之緒祗通
燕謀日奉
慈極萬幾餘間博求載籍
推述道統之傳自伏羲迄
于孟子凡達而在上其道
行窮而在下其發明棟
大有為之責雖未能探
賾精微姑以寫尊其所聞
之意云爾

伏羲
　想天立極　為百王先
　法受挙建　道德純全
　八卦成文　三墳不傳
　無言而化　至治自然

道统五祖像　伏羲坐像　〔宋〕马麟　绘

战争之进化

战争是自古就有的,不过最初时代只有小规模的部落争斗而已,到部落渐大,战争也就渐大。黄帝时代与炎帝、蚩尤皆有战争,虽其事未必可靠,但战争之进化大约起于此时。武器如弓矢等也在此时应用起来。

美术的起源

原人的美术观念发达颇早,石器时代的壁画已可表示其美术观念之一部分,惜中国尚无此项壁画发现。音乐之类则相传创造于黄帝,衣服与宫室也自黄帝时代才有规模。

第三章

宗法社会与封建制度之进化

洪水之袭来

中国的社会大约自黄帝以后才算有了文化的曙光，但黄帝以后曾经有过一个大洪水的时代，所以洪水以前的事迹就都不能深考。就地质学的研究，第三纪的后半期本有一个大洪水的时代，但其时期至迟也距今两万五千年以前，与中国史上的年代似不相符。因此中国尧舜时代的洪水究竟是大洪水的余波呢，还是另外一次变动呢？尚不可知。

有史时代的开始

总之，自洪水以后中国人民才算入于有史时代，第一部古史《尚书》的第一篇就托始于此时。其年代大约在公历纪元前。

第三章　宗法社会与封建制度之进化

所谓黄金时代

洪水以后，有史时期的开始，即尧与舜统治的时代，旧史所目为中国的极盛时代。其所称述的虽不尽可信，要之自尧舜以后中国才有了相当成熟的文化，是可以这样说的。

贵族政治的成立

尧舜时代最显著的表现，即贵族政治已完全成立。尧舜的禅让并非君主私人的授受，而实为贵族间公共决定的行为。当尧的时代，一切命官、行政都须咨询四岳[①]和百僚的意思，而尧本身的得立也系由贵族推选而来，可见其时贵族势力之大。

---

① 传说为尧舜时的四方部落首领。

官制之进化

尧命舜综百揆①以后,官制有了大的进步。《尧典》所载命官,有羲和、司空、司徒、士、后稷、秩宗、典乐、纳言、虞、共工等职,甚为完备。

洪水之治平

禹治洪水,为中国古史上一大事迹。虽其详不能深知,然当时对于洪水之祸必有一番抵御的功夫,是可以想见的。自从洪水平以后,才又有平原出现,而稳固的农业社会遂成立了。

---

① 古官名。总领百事之长。

第三章　宗法社会与封建制度之进化

天文历象的进步

古代科学之最发达者为天文学，盖因其与农业有关也。《尧典》命官，第一就是羲和，可见其时对于天文极为注重。历代沿用的太阴历，大约也创始于此时，观《尧典》所载自明。

伦理观念的发达

伦理观念也到尧舜时才发达，舜命契为司徒，敬敷五教①，又有"允执厥中"等十六字之薪传，开此后几千年中国伦理观念之先河。

---

① 父、母、兄、弟、子五者间的封建关系准则。

禹王治水图（局部） 〔宋〕赵伯驹 绘

仿唐人大禹治水图 〔清〕谢遂 绘

君王权力的扩大

尧以前,君王权力极小,到舜、禹二代,大有为的君主相继执政,中央政治修明,君王的权力遂逐渐增大。尧之初四岳举鲧治水,尧虽不愿而不得不姑命其往试之,到舜摄政后就敢将鲧治罪,其他共工、欢兜、三苗等也都分别治罪,禹即位后更有戮防风氏之事,禹死不传他人而传子启,这都可证明中央政府的权力已非昔比了。

农业社会的确定

中国的农业生产发达当较早,不过经过洪水的破坏,已有的农业基础难免不受动摇,故到尧舜时代几有从头做起之势。舜命弃为后稷、益为虞,随着禹到处平治水土、开辟山林、教民耕稼。经过这一番努力之后,才渐渐走上农业的轨道。到了夏朝就变为纯粹农业国了。后世所传《夏小正》,虽未必即夏朝的官书,然其与夏朝不无多少关系,是可以断定的。

夏的文化

夏朝一代虽然相传有四百年之久,但是记载非常缺乏,孔子已经说过"杞不足征"的话,何况在今日呢?所以我们对于有夏一朝的文化竟是很茫昧的。大致推想起来,当时已到相当的农业发展时期,人民的生活朴质而有秩序,其政治根据地在山西西南部。不过当时尚系部落割据时代,中央政府权力虽较前扩大,然终久有限,各地侯国仍然保有独立的权力罢了。

《洪范》的伦理观念之研究

有一件事情值得人注意的,就是到了周初有一位商朝的遗老箕子述了《洪范》一篇含有哲理性的文字,据说是根据夏禹的思想。《洪范》中以五行支配宇宙及人生一切的事理，演成一种系统的哲学观念，后来对于中国思想界影响甚大。假如夏时真正有了这种系统的思想，则我们不能不认为很值得注意的。不过我们在夏时遗下的文献中，似乎还找不出这种痕迹。《甘誓》中虽有"威侮五行"之语，但很简单，并无《洪范》那样的繁复。依我们看来，《洪范》的哲理不但非夏时代的人所能及，抑恐非箕子所演。大约系西周中叶的人所作，不过托古人之名以发挥其理想罢了。

商朝的崛起

夏朝的相传是继续了四百余年，至末代君主桀为今河南东部一国名商者所灭。从此遂入于商朝时代。商朝的事迹自从清末的甲骨文字发现以后，似乎比较夏朝考证的材料多些，不过因此头绪越是复杂。即如商朝的年限普通说是六百余年，比夏为长，而据甲骨文字考来似乎比夏朝还短，此外如君制的名字、代数以及其他，等等，都尚未得正确的答案。

汤王征尹图　〔元〕赵孟頫　绘　〔明〕钱宰　题

商朝民族的研究

现在一般史家对于商朝民族的来源,似乎尚未注意研究,不过就历史的记载考察起来,商朝与夏朝似乎绝对不是一个民族。夏朝的社会早已入于农业时代,文化早已脱离游牧国的性质,但到商朝兴起以后,反而有复返于游牧社会的状态。商朝的君主都好打猎,又好迁都,商朝人民很尚武,又迷信鬼神。这些都和夏朝不同。夏朝对于农业非常注意,而商人则不闻如此。这些都是值得研究的问题。

商人与古代东方民族之关系

依我们看来,商人一定和夏人不是一种民族,夏人是古代开化最早之民族,即所谓"诸夏"族者,而商人则为沿淮水流域一带居住之开化较迟之东方民族,古代叫作"东夷"。这种民族直到夏末还未脱游牧社会武健之风,故能取夏而灭之。其证据约有数种:一、商人灭夏,迁桀于南巢,南巢在今安徽，大约即商人的根据地，故迁夏后于此以监视之；二、东夷民族最迷信鬼神，而商人亦如此，可证其宗教相同；三、商亡之后武庚作乱，尚得东夷之助，可见商与东方民族必有密切关系；四、商代霸国相传有大彭、豕韦，大彭在今江苏北部，豕韦在安徽或湖北①，其后周朝中叶又有徐国，亦文化甚高。像这些似乎都不能不说与商人直接、间接有关，否则何以这些地方到春秋反成了蛮夷之区呢？以上不过略举证据证明商人与古代东方民族之关系，其详俟另考。

商朝文化之特色

　　商人因为民族不同，故其文化颇多特色，不与中国的伦理思想相合。今略举之如下：一、商人迷信鬼神至烈，每一举动必请命于神或祖先，观甲骨文字之来源可知；二、商人好游猎，从甲骨文字上也可看得出来；三、商人轻于迁都，

---

① 豕韦，古部落名。今一般认为在河南省滑县东南。

犹未脱游牧社会风气；四、商人传位兄弟，不似夏或周之传子；五、商起名字都用甲、乙等干支作号，此风似起于夏末；六、商人尚质、重义气、敢于牺牲，故末代君主纣卒自焚死。这些都是商朝文化的特色。

周朝的兴起

商朝灭夏之后，一面发挥自己民族的特质，一面继承古代中国的文化，到其末年，文化分布的区域已经很广了。山西西南部是尧舜禹的旧根据地，自不必说，河南全省是商朝的政治中心，山东西部、安徽北部是与商朝同民族的势力范围，其文化也都必甚发达。到了末年，汉水流域也慢慢开化了。于是陕西中部的西方民族，乘初开化侵入中原，灭商而代兴，遂建立周朝。周人与商人虽同自称为黄帝子孙，其实依我们看起来，商人是东方民族、周人是西方民族，都不是原始的诸夏人种。

第三章 宗法社会与封建制度之进化

东西民族之冲突

因此商周的递嬗不但是朝代的递嬗，实在还是民族的递嬗。商朝自失败以后，东方民族不甘屈服，遂于周武王死后，乘成王幼小、周公摄政之际，拥商纣之子武庚起而作乱，武庚的叛乱不只是复国的运动，实在还含有种族的意味。到武庚平后，淮夷、徐戎①还为患多年。一直到周穆王时代，还有徐偃王的霸业出现，可见东方民族的强硬了。

周朝对付东方民族的策略

周朝对付东方民族的策略有两种，一种是用兵力去屠灭他们，如《诗经·鲁颂》中所载鲁公伯禽平淮夷的功绩至再至三，可想见为当时一大事，周公营东都于洛邑，也就为的是镇压东方民族。不过当时东方民族的抵抗力也很大，所

---

① 淮夷与徐戎皆为东夷之一，曾数次联合抗周。春秋后，淮夷附于楚，秦时，"皆散为民户"。徐戎在前512年为吴国所灭。

以终久不能纯用武力去对付,因之一面不得不采用怀柔的政策,除了封微子于宋以奉殷祀,对于殷商的宗族和贤人如箕子、比干、商容等也都生荣死哀地崇拜起来,这样才渐渐息了东人反侧之心。不过周人对付东方民族的最大策略,还在他的封建制度。

封建制度之创造

上古时代虽是列国割据的时代,但不能叫作封建时代,因为封建制度是由天子授土地于功臣,在上古各国都是独立的部落,他们的土地系传之于祖宗而并非受之于天子,因此不得谓之封建制度,因此也就对于中央没有什么必然的义务和权利。夏、商两代大约都是如此,所以孟子说"武丁朝诸侯而有天下",那时诸侯对于天子只以朝觐与否表示服从不服从的。《史记》说"商道五兴五衰"也是这个意思。到了周朝,才有更进一步的封建制度成立。

第三章 宗法社会与封建制度之进化

封建之情形

封建制度是否纯为周人所自创,抑或自商朝已有萌芽,我们不知道,不过封建制度到周朝才算大成,乃是事实。周初封建的意思也许因为商朝的潜势力太大了,所以不得不分封自己的部落功臣去镇压各地。因为周朝本是个小部落,而东方民族则部落很大的。故封建制度本意即和后来清朝的驻防政策一样。观其封周公、太公于齐鲁,可见其对东方民族防御之深。其余宗室也都多半分封在河南境内,根本是来统制异民族的。对于自己的根据地陕西,便不需要这些制度。

周初之文化

周人在武力上虽然战胜商人,但在文事上不得不采取商人的文化,因为周人本是个很野蛮的小部落,而商人这时则已发达了很高的文化了。夏、商、周这三朝在种族上虽然各不相同，在文化上却不能说不互受影响。商人采取了夏的文化，而加以自己的新分子，周人又采取了商的文化，而加以自己的新分子。故古代文化到了周朝，已经发展成熟，凡事都有了具体的规模了。

宗法社会之成熟

周代文化最可引人注意的事，便是已发达了极完备宗法社会组织了。这种宗法社会的组织就表现在"礼"上，我们今日所据研究古代宗法社会情形的几部书，如《仪礼》、大小戴《礼记》①之类，虽未必全系记载周代的文化，然必谓周朝毫无关系，也很难说。这种宗法社会的根本原则是亲亲的观念。本来是尧舜以来这种观念便已成为中国伦理的基础，不过到周朝才发展成极有系统的圆满组织。这种组织的说明，不是这本小书所能够的，要自己拿礼当作专门学问去研究才可懂得。

---

① 指《大戴记》及《小戴记》，皆是秦汉以前各种礼仪论著的选集。《大戴记》也称《大戴礼》《大戴礼记》，传为西汉戴德编纂。《小戴记》即《礼记》，传为西汉戴圣编纂。

第三章　宗法社会与封建制度之进化

《周礼》之传注

讲到礼，还有一部值得注意的书，便是《周礼》。

这部书从前多相信是周公所作，内容博大繁复，的确可以算得一本好书。不过事实上绝非周初所能行的，大约是战国末年或者汉初的人所理想造出来的罢。

井田制度之传疑

井田制度也是古代史上一大疑案。自孟子首倡井田之说，后来的汉儒纷纷附会，歧说甚多。据后儒解释孟子的意思，夏时是每人分田五十亩，谓之贡。商以后将田书成井字形，每一井分九格。每格七十亩，八家共耕一井，以其中心的百亩为公田，谓之助。周代和商制全同。不过每一格是百亩，谓之彻。总之，古代人民耕地是受之公家，并非私有的。后世对于这个说法，或信或疑，说法不一。大约古代行授田之制，总是事实，然必谓将土地都一一画成豆腐干形的方块，则又不然。论古者不可过于拘泥的。

研究古史的今、古文之争

三代的记载本来就少，经过秦始皇时代有意地摧残，文献就更残缺不全了。汉儒出来整理，遗书稍稍出现，但因此又引起今、古文学派之争。大致西汉初年发现的学派是今文派，到汉武帝以后，孔安国在孔子故宅中找出古文书籍，遂成立古文派。两派对于古代的史迹，说法绝对不同。如古代的兵制、刑制，以及其他政治社会制度，都各执一词。依我们看来，这些说法的根据都很薄弱，所以我们一概不取。

第四章

从上古文化到中古文化的特变期
——春秋时代

封建社会之破裂

古代封建式的社会到了周朝中叶，可算发达到了顶点，以后就渐渐往崩坏走了。周夷王以后，政治上的现象一天坏似一天，古代淳朴的农业社会至此也渐渐崩裂，而商人渐渐得势起来，外面的诸侯也都逐渐跋扈，不听中央命令了。这种情形在《诗经·小雅》里表现得最真切。社会到了这种情形，势非改造不可，故经外患一逼迫，立刻便从西周的宗法社会转变成东周的宗法社会与自由竞争的过渡期了。

春秋以前中国境内民族分布之情形

从战国以后，中国古代的文化忽然光华灿烂起来，其最大的原因便在许多异民族的调和。当尧舜时代所谓真正中华

小雅·鹿鸣之什图（局部） 〔宋〕马和之 绘

民族之根据地不过山西西南部一带，此外四周之地仍然都是异民族的势力。到夏末商初，商人以东方民族代夏而兴，于是河南全省始开化。到周灭商之后，分封宗亲于山东、河南二省，尤以山东之齐、鲁两国，影响最大，故到春秋初叶，山东全省除了半岛一部分，可算完全开化了。但其他各地仍然是异民族的势力。直隶①和山西的中部，有一种民族叫作狄，分建了许多国；陕西的北部，则有一种民族叫作戎，也分建了许多国；长江流域则有楚国及其他蛮夷小国；淮水流域也仍是东夷族的势力范围；直隶的北部一直到辽东，则为东胡族的势力范围，当时谓之山戎。江苏和浙江的吴、越两国，那时尚未通中国，此外珠江流域及四川、蒙、藏、新疆等区域更是与中国绝无关系了。春秋二百多年的最大成绩便在将这许多异民族逐一吸收进来，给后来造成一个统一中国的基础。

---

① 旧省名。1928年，改省名为河北。

第四章 从上古文化到中古文化的特变期——春秋时代

北方民族之同化

对于北方民族之同化，要算晋国的功劳最大。晋是周朝的本家，起初本不算强国。到晋献公时代东西征讨，吞并许多小国，国势骤然强盛起来。他的儿子晋文公战胜了当时最强的敌人楚国，取得了霸主的地位。从此以后晋国继续做中原的霸主凡二百年。晋国因为处在北方，所以与狄人接触甚多。狄人本是古代最强悍的民族，黄帝时代的獯鬻、西周时代的玁狁，大约都是同种。到春秋初年分为白狄、赤狄两种。白狄分布在直隶中部，赤狄分布在山西东南部。春秋初年白狄的势力最强，灭卫，侵邢，势力侵及河南和山东。幸有大政治家管仲出来帮助齐桓公打败了狄人，救了诸小国的危机。从此便创立了霸主的制度。所以需要霸主，也就是因为异民族的势力过强，中国列邦分散，非有统一的领袖出来，不能联合抵抗的。齐国虽然一时战败了狄人，但因它本身实力有限，所以管仲一死，齐国便衰了。幸而接着就有晋国代兴。晋国的实力比齐国充足，又继续做霸主二百年，和狄人死命地争持。晋文公的孙子晋景公用阴谋灭了赤狄的大国潞，山西中部、南部从此完全开化。后来晋国的势力一天

晋文公复国图（局部） 〔宋〕李唐 绘

一天扩张，直隶南部的狄人也都被它剪除净尽，最后到战国初年，只剩下一个白狄的大国名叫中山的苟延残喘了。中山后为赵国所灭，北狄从此完全同化于中国了。

西方民族之同化

西方民族总名叫作戎，也分成许多小国家。

周朝起自西方，大约也和这些种人相距不远。周初国势尚强，故戎人不敢发动，到西周末叶，政治腐败，戎人遂渐渐强盛起来。最后有一个最强的部落犬戎，攻破了周的都城镐，杀了西周最后的君主幽王，幽王的儿子平王东迁洛邑，陕西周朝旧地遂尽为戎人所占，幸而当时有个小国名叫秦的，屡代周力战戎人，逐渐扩张领土，成了一个大国。到秦穆公出来，灭了戎人的二十国，称霸于西戎。从此陕西中部逐渐开化。但到战国中叶，戎人还有几个强国，如义渠之戎之类，最后也是被灭于秦的。

南方民族之同化

这里所谓南方民族,是单指长江中流一带的民族的,本来据《诗经·召南》上考察起来,当商朝末年,汉水流域之一部,即今河南西南部已经开化了。周朝初年将他的本家分建了许多小国于河南南部,也是借以钳制南方异民族的意思。不料这一般姬姓小国里,没有一个争气的,结果竟让南方民族中一个国家名叫楚国的强盛起来。楚的强盛始于西周末叶,到春秋初年遂自称王,将汉水一带的姬姓小国吞灭殆尽,当时与狄人同为中国之大患。幸管仲出来,实行尊周攘夷政策,将楚国北上之势挡住。晋国创霸以后,屡次领袖中原诸侯与楚争衡,虽然互有胜败,然楚国毕竟不能再向北扩张势力了。到春秋中叶以后,楚因为与中原诸侯接触频繁,也就渐渐同化于中国,不复有异族的意识了。到了战国,湖北一省便完全成了中国的一部分,而且有很高的文化表现出来了。

第四章　从上古文化到中古文化的特变期——春秋时代

东南民族之开化

东南民族即在今安徽、江苏、浙江三省之地，其中种族颇为复杂。大约安徽及江苏北部的淮水流域为一种人，此种人与商朝有关系，经西周屡次的剿除，势力大杀，故到春秋初年，这种人竟无显著的国家，也无高尚的文化。楚国强盛之后，全服于楚。后来吴、越两国也曾都征服过这些地方，但终久还是属楚的时候多。江苏南部及浙江北部，太湖流域在春秋末年兴起一个国家，名叫吴国。他们自称是周朝的本家泰伯之后，恐不足信。这种人开化最快，强得也最快，对于牵制楚国的势力有很大影响，但亡得也很快，不久便为它的南邻越国所灭。越国是占据浙江钱塘江东的一个小国，吴强时曾服属于吴，不久即灭吴而称霸于中国，但衰得也很快，战国中叶为楚所灭，其遗民族分布于浙东及福建，都自称越后。

东北民族之同化

东北民族在春秋时代与中国接触较少,只有春秋初年曾有一种山戎侵入燕国,燕国是今京兆①附近的一个小国,当时求救于齐,齐桓公出兵打败了山戎,将所得的地方尽送与燕国,到战国时代,燕才强盛起来,列于七雄之一,以后屡次与当时东北最大的异民族东胡争持,扩地至辽河以西,对于开化辽河流域影响颇大。

异民族同化以后之影响

这种民族的同化大约有两种方法,一种是中国人用武力去征服他们,另一种是他们慕中国文化之高而自行归化。春秋时代这两种方法都采用的,所以在春秋初年,中国民族的势力还不过河南、山东二省及山西之一部,到春秋末年,湖

---

① 1914年到1928年间行政区划之一,辖区约为今北京市及其周边地区。

北、安徽、江苏、陕西、山西、直隶就完全都开化了。这种开化对于文化上自然不能说没有影响。尤以南方及东南民族之归化影响最大，因为南方及东方民族在古代本有相当的文化，一经与中国文化混合，遂产出战国时期道家、阴阳家的哲学和齐、楚诸国的文学来。

封建制度之破裂

封建制度本不是个长治久安的制度，无论在何时，封建制度之下总是不能彼此相安无事的。

不过夏、商两代中央政府软弱的时候，虽然诸侯事实上也不免互相侵伐，不过一则史籍无征，二则彼时封建制度尚未到终局破裂的时候，故无关紧要。唯春秋的二百多年中则为封建制度之根本破裂的时代，故较堪注意。春秋二百五十二年[①]之中，始则诸侯背叛天子，继则世卿叛国

[①] 春秋时期，因鲁国编年史《春秋》而得名。今多以周平王元年（前770年）到周敬王四十四年（前476年）为"春秋时期"，共295年。

君，终则陪臣背叛其主人，以下犯上之事层见叠出，封建制度之不能维持权威，可以想见。到韩、赵、魏三家篡晋以后，进入了战国时代，封建制度便完全消灭了。

贵族政治之失势

春秋时代仍是贵族政治鼎盛时代，列国的执政者，如晋之六卿、齐之高国、鲁之三桓、郑之七穆，都是贵族。这些贵族有的是与国君同姓，有的是与国君异姓，他们的参与政治都带有世袭的权力，后来渐渐比国君的权柄都大了。不过到了春秋末年，这些世卿的权力也渐渐被他们的家臣夺去了。结果政权逐渐地下移、逐渐地分裂，便给平民以抬头的机会。加以孔丘等一辈人出来，提倡自由讲学的风气，平民的智识渐渐增高，便开了战国时代布衣卿相之端了。

第四章 从上古文化到中古文化的特变期——春秋时代

宗法社会之崩坏

三代以来,到周朝初年形成的一种宗法的社会组织,到此也渐渐崩坏了。春秋时代宗法社会的权威还存在,大家对于"礼"也很讲究,列国君主及卿大夫之酬酢交际,尤重视礼的遵守与否。不过同时弑君、弑父及一切与宗法社会相反对的事体也层出不穷,可见事实上宗法社会已行不通了。到了春秋末年,便几乎完全崩坏,虽有大哲学家如孔丘等想出来挽回这个趋势,也无能为力了。

农业经济的破坏

三代的主要生产是农业,这是我们所知的。春秋时代仍然以农业为主要生产,不过因战争及交通等关系,旧日的井田制度当然维持不下去,土地渐渐成了私人所有,自由农业和自由商业制都盛行起来。处于中原的周、郑两国,其商业

孔丘像　〔宋〕马远　绘

最为发达。不过就大体上言之,还没有战国时代的茂盛。

文化之转变期

总而言之,春秋时代可以视为上古社会到中古社会的一个大转变期。春秋初年的社会和春秋末年的社会,截然不同。我们幸而对于这一部分的历史,尚有《春秋》三传及《史记》等书可根据,故对于这种转变的情形知道的多些,就此研究起来,是非常有趣味的。

第五章
古代文化的成熟期——战国时代

从春秋到战国

现在我们用春秋战国的两国名词来代表时代，是根据记载当时史实的两部书——《春秋》和《战国策》——而来的。两时代中间还隔有一百三十年。这一百三十年也是极重要的文化转变时代，可惜我们已无史实可考了。不过大体上还可以看得出来这种继承春秋末年混乱时期而走向战国的趋势而已。

新国家的出现

经过春秋时代二百多年努力的结果，黄河流域的大部、长江流域的一部分，所有的异民族都已同化为中国人了，所有的小国家都已逐渐合并为几个大国了。到了战国，遂成为燕、赵、韩、魏、齐、楚、秦七个大国并立的世界。这七国之中，韩、赵、魏是将旧日晋国分割而成的，齐国是另换了一姓，都算新国。燕、楚、秦虽是旧国，但燕在春秋时代尚未开化，楚也本来是蛮夷，秦则在战国初年尚被东方诸国看作化外，故这三国就本质讲起来也是新国。这些新成立的大国，富有异民族的新血，又人口众多，取精用宏，故战国的文化得以极度发展，实在是有缘故的。

大都市的兴起

因为这种大国家的出现，于是政治中心所在的地方，人口集中，而大都市遂出现了。如齐之临淄①、赵之邯郸、楚之郢②，都是当时最著名的大都会。这种大都市出现以后，使人才都荟萃于一处，对于文化之提高及普及都有关系。

---

① 古邑名，在今山东省淄博市。
② 古邑名，在今湖北省荆州市。

商业化的倾向

中国本是农国，春秋时代虽有商人，但也还未占据什么重要的地位。到战国时代，商人的势力渐渐大起来，家资千万的巨贾也渐多起来了。虽然大部分人民仍然以务农为业，虽然有些国家如秦国之类，仍然极力地扶农抑商，不过山东诸国商人的势力却一天一天增长起来，对于文化也极有帮助。

社会风气之变更

这时候，社会的风气也与从前大不同了。从前社会上的拘谨守礼的风气，至此完全没有了，人民的生活豪奢，任侠好气的风气也大行。有些贵族们如孟尝君之流，且专门提倡这种风气，所以影响于社会很大。

第五章　古代文化的成熟期——战国时代

学问的解放

在古代求学问是很困难的，因为学问只是贵族的专有品，不许普通人参与。专司保管图书的人谓之"史"，"史"在上古与"祝"并称，本是一种事神的官，有宗教僧侣的性质。上古学术握于宗教家手里，这是中外一致的。到后来由神权政治变成了贵族的政治以后，"史"也就跟着成为替贵族保守学问的专门职业家了。因此一般平民想求学问是很困难的。到了春秋末年，贵族制度渐渐崩坏，有许多贵族渐渐因种种关系变成了平民，他们与平民接近，以自己的智识教授平民，这才开了自由讲学的风气。历史上第一个自由讲学的是孔丘——虽然以前也许有他人实行过，但已无可考了。孔丘是个贵族后裔的新平民，他平生周游列国，遍观各国藏书，所以学问很博。他又召集了许多弟子，授以相当的学识。游学和讲学之风，都开于此时，对于战国文化影响极大。

布衣卿相之局

因为这种自由讲学之风一开,有学问的人的声名就容易传布,从党众多,对于政治社会影响都很大。当时列国君主对于这些学者自然要另眼相看的。加以列国并立之后,各国君主都想延揽人才,所以有学问的人容易取得政治地位,而贵族势力就差不多完全失坠了。

游说的风气

因为学问的解放和当时有势力者对于人才之提倡,遂养成一种自由讲学和论政的空气,而产出一种以周游列国为目的的游士来。这种游士有两类:第一类是以学问为目的,或者自己学问未成,周游各地去求师访友,或者是自己学问已成,到处去传布学说,广收弟子;第二类是以政治为目的,他们周游列国,遍访列国的国君及卿相,以蕲获得政治上的地位。这两种风气都开于春秋末年。孔丘就是其代表。

第五章　古代文化的成熟期——战国时代

各派思想之成熟

因为学问自由解放和政治社会都发生大变迁的结果，于是有各派不同的学术出现，古代中国的思想至此始成熟而大放光明。战国的学派后人讲法不同，《汉书·艺文志》的九流十家之说也觉不甚适当。依我们看来，当时最占势力而确有独立思想系统的学派，约可分为五家，即儒家、墨家、道家、法家、阴阳家是也。

儒家

儒家是最先出的学派，他的创始者是孔丘。当春秋末年封建社会已到最后崩裂期，孔丘生在这个时候，最初想努力于实际政治以挽回这个趋势，但结果不幸败了，于是遂专意于学术之传布。他生的时代，学术的空气还未养成，故他算是个学术的启蒙时代的人物。他的思想很实际，多注重于伦理道德。他死以后，学说大兴，遂造成儒家一派。儒家后来的主要思想是维持宗法社会的旧道德，讲"礼"，讲"孝"，想拿稳健渐进的方法去改良政治和社会。末流有孟轲①者主张颇激烈，有荀卿②者思想近于法家，但都只能算儒家的别派。

墨家

墨家的创始者是墨翟，时代略后于孔丘，他平生的行径颇和孔丘相类，也是以政治运动而兼思想运动的。他死后信徒也很多，与儒家对抗为古代思想界两大潮流。墨家的重实际精神和儒家一样，但比儒家更趋极端。他们主张兼爱、非攻之说，反抗当时好战的风气。他们的学派后来组织成宗教的形式，以天为其崇拜之对象，有巨子为其宗教之首领。他们的末流，任气好勇，流为游侠。

---

① 即孟子。学说对后世儒者影响很大，被认为是孔子学说的继承者，有"亚圣"之称。
② 即荀子。时人尊而号为"卿"。批判和总结了先秦诸子的学术思想，达到先秦哲学的高峰。

第五章 古代文化的成熟期——战国时代

道家

道家相传始于老聃,似较孔丘尚早。其实老聃不过古代一贤人,与道家思想毫无关系,今所传《道德经》一书,实在是战国时道家所伪作。其余《列子》《文子》更是伪书。①只有《庄子》比较真些。这一派思想的正式成立大约在战国中叶,他们都是个人思想家,不似孔墨之热心于政治和讲学,故无弟子,其传不广。他们是极端的自然主义者,凡事以放任为主,因此也就没有与他派竞争的野心。不过他们的思想很高,著的书也都有精彩之处,所以以后仍然留传下来,而且对后世影响很大。

---

① 老子是否为老聃,《道德经》是否为老子所作,今尚未有定论。《列子》从思想内容和语言使用上看,可能是晋人作品。《文子》据1973年河北定县(今定州)汉墓竹简,证明为战国时期著作。

老子骑牛图 〔清〕吴焯 绘

第五章 古代文化的成熟期——战国时代

法家

法家是最后起的,也没有主要的首领。大约自战国末年各派学说已经都发达成熟,彼此比较切磋,自然有最进步的学说出现,法家就是这最后出的、最进步的学说。法家学说之最精密者,莫过于韩非子。韩非是荀卿的弟子,荀卿虽是儒家,但其说法后王、重礼治、主张人性恶,都已开法家的端,到韩非出来遂演成法家的理论。韩非对于道家也很有研究,对于墨家虽不崇拜,然实践的精神颇相同,故韩非可谓为上古学术之集大成者。法家的学说根据社会进化的理论,主张以法治国,其说最进步,而且确有实效。可惜后人都将他们认为是惨礉少恩一流,未免厚诬古人了。

阴阳家

自来讲学者对于阴阳家的思想多不注意,以为是荒诞无稽的迷信。殊不知阴阳家的思想虽未成熟,然在中国确独成一派，比较他派之思想特异点较多。阴阳家最盛于燕、齐两地，齐国的都城是他们的中心，当极盛时谈天雕龙之士至三千人，以邹衍为最著名，可惜他们的学说都不传了。不过就今日留传的一二点看来，大约他多注重于智识的探讨，有爱美的精神，与希腊思想极相似，大约因同为海国。中国的学派像这样抛弃实践伦理的立场而注重纯理的探讨的海国思想实在很少，故此派思想极值得我们的注意。可惜这派思想因与重实际的中国国民性不合，不能大成。末流变为方士，开东汉以后道教之端。

综论各派思想

战国时思想虽极为复杂，但最主要的不出乎上列的五家思想。就五家比较起来，似乎有点代表地方民族性的色彩，如儒家代表北方民族实际思想、道家代表南方民族虚无思想、法家代表西方民族刻核思想、阴阳家代表东方民族浪漫思想之类。不过以地方来分派思想，容易牵强，不如以时代之次序分之较好。大约最先起的思想为儒家，其后有较激烈

第五章　古代文化的成熟期——战国时代

的墨家出现，又其后有更激烈的道家出现，最后则有最进步之法家思想出现。至于阴阳家则系一部分海国民族的思想，在中国传统的实践伦理思想之外别树一帜，或者倒与古代东方民族的鬼神思想不无渊源哩。

南方新文学之出现

当中国思想界正发生灿烂光明的时候，中国的文艺界也突然起了一种新光彩。原来中国的民族性本是老实农民本色，对于文学素不留心。故上古竟无可以流传的文学。到春秋末年，才有《诗》三百篇的结集出现。《诗经》中除去了《大雅》和《颂》两部无甚精彩外，其余"二南①"、《国风》和《小雅》大约都是从周初到春秋中叶的民间的歌谣。这些歌谣的形式很简单，所表现的思想也很素朴，算不得成熟的文学。但是到春秋末年，长江流域的楚、吴、越诸新民族开化以后，文学上便添了一支生力军，色彩便有

---

① 指《诗经·国风》中的《周南》《召南》。

些不同了。到了战国,新民族的楚此时已吸收中国文化完全成功,经过这种文化上的调和以后,文学上便成功了屈原、宋玉等楚辞一派。这一派在文体上固然是一大创新,在内容上也将江淮间幽窈思想尽量插入,都与《诗经》不同。后来这一派更加入燕、齐一带的阴阳家思想,便成了汉朝的赋体。

第六章
大帝国的出现

从分裂到统一

从有史以来，中国的政治状况是一天一天从分裂往统一走的，春秋初年的五十余国，到末年已变成十几个大国，到战国时代，更只剩下七雄了。这种大国的出现，一面提高文化程度，使社会得以发展，一面融合种族界限，使民族完全统一，故战国时代，国家虽然有七国，而民族早已一致，所以秦始皇一出来，就容易奏统一之功。

郡县制之成立

秦朝统一中国以后，第一件重要的事就是废封建设郡县。本来封建制度到了战国已经完全瓦解了，秦统一之后，本无再行封建制之必要，所以封建之废不足为奇。郡县之制也不始于秦，春秋时代已有县名，战国七雄所置的县更多。秦始皇不过迎着这个趋势加以普遍的变更而已。不过废封建设郡县之举，于后世影响极大，究竟不能不说是秦之功。

秦始皇对于后世的影响

时代到了秦，已经不能不从上古社会转入中古社会了，秦始皇在这个时期，所以便占了历史上的重要位置。论始皇的本人实在一无可取，不过他在位时所做的一切事件，都是代表当时的潮流，所以关系很大。除了废封建设郡县，如对匈奴和南方的领土扩张、如文字思想之统一、如君主专制政体之确立，都是与后来有莫大关系的。不过这些事件，其发端都在战国时代，其收成都在汉朝，秦始皇不过做了过渡时代的一个代表人物罢了。

贵族势力之反动

贵族社会经过春秋时代的自相残杀以后,到战国时代已经差不多快消灭了,虽然有些贵族如孟尝、平原之流尚负声望,但已是个人的势力,并非凭借贵族的权势。不过大体说起来,东方诸国,贵族政治尚未能完全取消。唯有秦国自孝公用商鞅以来,即以裁抑贵族势力、以法治国为手段,以后的秦国历代君主也都本着这个政策,专用客卿,国家以之日强。到统一天下之后,封建制度既然废止,又将六国的豪族都徙之咸阳,以防止其反动。但是当时各国的贵族潜势力还在,受了这种压迫,自然要起来反抗,所以秦始皇一死,各处的乱事便纷纷起了。

贵族革命与平民革命

当秦始皇统一天下之后,贯彻君主专制的政策,贵族阶级已完全废除,都属于平民了。

但事实上平民出身的人和贵族出身的人究竟还是不同。不过在秦朝的暴虐政治之下，却同是受压迫者。因此在秦末起兵反抗者，贵族、平民都有。秦亡之后，刘、项争雄，虽然是个人的竞争，但隐隐中代表贵族与平民之斗争。项羽以封六国而亡，刘邦以销六国封印而兴，时势的潮流既如此，贵族势力就不得不瓦解了。

封建势力之反动

刘邦虽是平民出身，究竟当时去封建社会未远，人民蔽于旧习，总还未能全忘情于旧制度，因此他统一中国以后，也不能不照例封建功臣。但是他生性猜忌，所以被封异姓功臣结果多数都被铲除，而代以同姓侯王。为恐怕这种侯国势力过大起见，又中间设立许多郡县以互相牵制。这种郡国杂立的制度实在是很显著地表示出封建政治与君主专制政治过渡时期的情势来。到了汉景帝时代遂起了吴楚七国之乱[①]，

[①] 前154年，吴王刘濞与楚、赵、胶东、胶西、济南、淄川等七国以诛晁错为名发动的叛乱。

这次乱事可视为封建势力对于君主专制的一种反动。到这次乱事平后,汉朝更竭力将诸侯王的权柄削小,君主专制遂成功了。

汉与匈奴的竞争

当中国到了秦汉之际,统一的大帝国出现之后,北方蒙古的地方,也恰好有一个统一的大国出现,东亚的政治舞台上同时成立了这两大国,于是竞争的热剧遂开始了。匈奴本是战国时代北方的一个小部落,到战国末年,它的势力已渐强了。当时秦、赵、燕三国的北境都与匈奴为邻。因为惧怕它,所以三国各筑长城。到秦始皇统一以后,将匈奴打败,修筑起长城以为北界。秦亡后中国大乱,匈奴又乘机复兴,它的单于冒顿很有才干,东灭了东胡,西灭了大月氏,南下侵略中国。围汉高帝于平城,汉朝不得已许以和亲。自此以后,历惠帝、吕后、文帝、景帝数朝,对于匈奴都竭力恭顺,不敢惹它。直到汉武帝出来,才有积极进取的心思,于是东灭朝鲜、西通西域,以断匈奴的左右臂,而后以大兵攻取匈奴。武帝这种运动，不但于匈奴和汉朝两民族的命运及东亚的大局有关系，即对中国与西方的交通也很有影响，是值得我们注意的。

汉与西域之交通

　　当时中国的西方，即今新疆及中央亚细亚之地，大小国家甚多，对于汉朝向无关系，但是匈奴因为是游牧民族，所以它的势力可以达到西方。西方的国家都知有匈奴而不知有汉。汉武帝想同西方诸国联络以夹攻匈奴，才命张骞去出使西域。张骞到了西域，政治上的使命未成功，却带回了许多新的物件。以后张骞几次出使西方，对于政治和文化都有莫大的影响。

希腊文化之输入中国

当公元前三三〇年顷，马其顿王亚历山大（Alexander）侵入西域，灭了波斯，而征服其地。亚历山大死后，亚洲为其部将塞琉古（Seleucus）所据，建叙利亚（Syria）王国。到公元前二五〇年顷，又分为大夏国（Bactria）。到公元前二一〇年顷，大月氏为匈奴冒顿单于所灭，重建大月氏国。武帝派张骞出使，也是利用它和匈奴的宿仇，想联结它以共攻匈奴的。大月氏虽是黄种，但大夏是希腊人，所以希腊文明就从此间接输入中国。有许多果物如葡萄之类，都是希腊的产品。到了东汉初年班超做西域都护的时候，更想派人去致聘于欧洲，可惜未能成功。东汉桓帝延熹九年史载有大秦王安敦自日南遣使来致聘。当时汉人叫希腊民族为塞种，叫罗马帝国为大秦。中欧之交通此时已有端倪。中国的物品也间接由亚洲西部的大国安息输入欧洲。

第六章 大帝国的出现

印度文化之输入中国

希腊文化输入中国虽较早，但影响不大。汉朝和西域交通后所生最大的影响是印度佛教文化之输入。原来大月氏到了西汉末年，它的势力渐渐侵入北印度，遂吸收了佛教文明，而间接传入中国。西汉哀帝时大月氏的使者来朝，汉朝使博士弟子秦景宪向之学习佛法，这是佛教输入中国之始。到东汉明帝时更派人去大月氏求佛经，带回僧侣二人。到东汉末年，民间渐渐信奉起来。不过汉朝的佛教尚在萌芽，对于社会生活和学术思想都没有大影响。它的影响要到六朝才扩大。

东北、东南、西南之相继开化

汉武帝时代是汉朝极盛的时代，除了北伐匈奴、西通西域，他东北又灭了朝鲜，将汉朝领土扩张到朝鲜半岛，朝鲜之正式受中国文化，实起于此时。后来间接又影响到日本。

东南方面，原来有瓯越、闽越、南粤三国，瓯越、闽越都是越种，南粤的君主虽是汉人，但它的民族也是土著民族，这三个到汉武帝时都被灭了。汉武帝并将瓯越的人民迁移到江淮之间，因此民族便渐渐调和了。

汉朝灭了南粤之后，势力一直扩张到安南，安南之受中国文化也可算起于此时。至于西南云南、四川一带，在汉朝谓之西南夷，分成许多野蛮的部落，也被武帝所征服。总之自汉武帝以后，中国的国境才有了大略的定局，不像从前那样狭小了。

汉初学派之争

汉朝兴复，被秦始皇所摧残的各种学派就都纷纷复起。就中墨家任侠一派，在民间社会很流行，但不为君主所喜，故不能得政治的掩护。其余各派都很得宫廷间的信任。道家在汉初很流行，汉文帝、窦太后和曹参等都很信仰。儒家在景帝时和道家竞争甚烈，景帝、武帝和许多大臣也都信任它，阴阳家则变为方士，专以神仙之说惑人，信者更多。法家也很有人才，在政治上也很有潜势力。这几派在汉初竞争很激烈，尤以儒、道两派为最甚。到汉武帝时因为自身好儒，所以采纳儒者董仲舒之言，罢黜百家、专崇孔子，从此儒教成为国教，但是其他学派在社会上仍有相当的势力。

经学之成立

五经①都是古代的史料，不过到战国时代，经儒家特别提倡，所以与儒家的关系较深些。秦始皇时摧残儒家，所以这些经书都散佚了。汉朝文景以后诸帝都提倡学问，所以这些经书渐渐都又出现了。到汉武帝时又设立许多博士，专研究这些经义，于是经学遂成为专门学问了。

---

①即《诗经》《尚书》《礼记》《周易》《春秋》五部儒家经典。始称于汉武帝时。

今古文经学之争

汉朝初年经学的传授都是靠许多儒者的口授，这些儒者都有相当的师承。因为古代书籍很少，所以都是口授。当秦始皇时代这些儒者受了压迫不敢出头，秦亡之后就渐渐出来。他们的弟子到了汉时就都本着师说，写定许多经典，最初都属于今文家。后来汉武帝时，有孔子的后人孔安国献了用周时文字写的《尚书》，据说是从孔子的故宅墙内找出来的，这就是古文家之始。不过当时今文家立于学官，占着正统的位置，所以古文之学不能发达。西汉一代都算今文之学。到了西汉末年，刘歆很提倡古文家学，有许多遗书出现，古文家才渐渐盛起来。到了东汉，古文家便代替今文家而成为学术界的正统了。

汉初的重农抑商政策

中国上古本是农国，到了战国时代商人的势力渐起，一时很是煊赫。商业兴盛的结果容易使风俗浇薄、民种衰敝，所以商鞅治秦便极力抑制商人，提倡农业。后来秦国得了大效。不过商人的势力终究未能打倒。汉朝初年因为社会平和的结果，商业遂又发达起来，一般商人的生活都是很奢华的。所以当时政治上很注意提倡农业抑制商人，对于商人制定许多苛例，如不许穿绸缎、不许乘车，又有服兵义务之类。不过虽然如此，商人的势力仍不减杀。

社会之不平均现象

汉朝因是采取重农政策，故对于农人极力保护。屡减租税，文帝一朝竟有十余年全免天下的租税的。照这种情形，农人应该深受其利了。不料当时土地的分配很不均匀，富者田连阡陌，贫者无立锥之地，因此租税的减免只与富者有益，贫者得不到多少好处。这个现象到了西汉末年更厉害了，当时的儒者多有主张限田之说的。汉武帝时，董仲舒首创此说，到西汉末年就有孔光、师丹等儒者更出来提倡。他们都主限制每人有田地至多不得过若干亩。不过当时田多者都是势家豪族，因此他们的主张受了阻挠，不能实行。

王莽的社会革命

王莽是汉朝的外戚，也是一个儒者，很赞成孔光等的主张。到他执政以后，用权谋篡了汉朝的帝位，改国号为新，遂实行他的社会改革的主张。他的政策比孔光等激烈，他将天下的田都下令改为公田，汉朝养奴婢的风很盛，他也下令将奴婢全解放，改为公有。他又设六管之制，将盐、铁等公用之物收归国有，由国家公卖给人民。他的主张可算得介乎社会政策与社会革命之间的，颇有研究的价值。

社会革命的反动

王莽的人格如何，至今尚是问题，不过他的性情太迂阔，改革得又太急，因此弄得民不聊生，遂生起反动来。他自己看到人民的反对，晓得事情不妙，因此将许多改革的命令又都收回。但是机会已晚了，各地盗贼纷纷起来，都借着恢复汉室之名。王莽最后兵败为当时大家公推的首领汉朝后裔更始将军①的兵杀了。以后又乱了些时，到东汉光武帝平灭群雄，定都洛阳，才算又归统一。

东汉初之平定匈奴

匈奴自汉武帝一代屡次北伐的结果，已经大衰了，到了宣帝时代，汉朝又和西域的乌孙国缔结婚姻，联合出兵，将匈奴打得落花流水。元帝时代匈奴内部分裂，五单于争立，最后呼韩邪单于投降了汉朝，得了汉朝的帮助，统一诸部，遂变为汉朝的附属国，一直到西汉末年，都很恭顺。王莽即位后，有意变更匈奴的名号，匈奴不服，因此又叛乱起来。东汉初年，光武帝也不能制伏它，只好取闭关政策，不去理它。直到和帝时西域已经打通，才命窦宪北征。那时匈奴

---

① 即刘玄。西汉远支皇族。初参加平林兵，被推为"更始将军"。

已分为南、北二国，南匈奴一向服属汉朝，北匈奴则倔强不服。至此北匈奴被窦宪打败，远遁西方，后来就侵入欧洲，成为今日的匈牙利人。南匈奴仍为汉属国，到东汉末曹操将他们迁入山西境内，分为五部，遂伏下五胡乱华①的祸根。

东汉初之平定西域

西域诸小国都在今新疆省②天山南路，自张骞和它们交通以后，和汉朝就发生了关系。天山北路有个比较大点的国家叫作"乌孙"，汉宣帝时代和汉朝结了亲，屡次帮汉朝出兵打匈奴，结果将匈奴打得大败。自此以后西域诸国都服属于汉，汉朝设西域都护和戊己校尉等官以镇压它们。一直到王莽末年，西域才又和中国断绝，东汉初年也无法干涉它

---

① 五胡，历史上对起兵反晋的匈奴、鲜卑、羯、氐、羌等五个少数民族的旧称。"五胡乱华"也是旧说法，指两晋之际，各民族争战中原，使中原地带长期处于战乱之中。
② 旧省名。1955年撤销，改建新疆维吾尔自治区。

们。到汉章帝时,有一个武官叫班超,很有才干,以少数人的力量收服西域诸国,才重新树起汉朝的势力。

羌患之起

东汉时代虽然平了匈奴和西域,但是外患还是不绝,最大的要算北方的鲜卑和西方的羌人。鲜卑的事等下章再讲。羌人的根据地在今青海及甘肃之西南部,在东汉中叶以后就起来作乱,汉朝屡次派兵去平灭它,但是讨平之后,不久就又起来。到东汉末年这些羌人越发的厉害了,汉朝倾了全国的兵力,费了数十年的光阴,花了七千万缗的军费,才算勉强又讨平了。但是结果弄得汉朝民穷财尽、盗贼四起,终久将汉朝弄亡了。

西旅贡獒图 〔明〕佚名 绘

第六章　大帝国的出现

宦官与外戚之争

从西汉元帝以后，朝廷上便起了外戚与宦官之争，这个风气到东汉更盛起来，两方面的势力总是互相起伏，互有胜败。直到最后，外戚勾引外兵将宦官都杀尽，而外戚自身也跟着失败了。这种争斗固然是君主专制政治下的腐败现象，但是也可以看作君主专制势力与残余的贵族势力争斗。因为自汉景帝削平七国之乱以后，地方上的封建势力已经完全铲除了，但是中央还有一部分拥有特殊身份的贵族常和君主暗斗。他们因为族大势众，所以常常将君主压倒。最厉害的如王莽竟至将汉朝灭掉。君主处在这个独立无助的境地，要想和外戚抵抗，只有利用最亲近的仆役之一法，这是宦官之所以得势的原因。两者的争斗，实在就是君主专制势力与残余的贵族势力之争斗。

儒教中心之东汉

自汉武帝以后，儒家已取得学问上正统的位置而变为国教了。到了东汉，因为皇帝都很信儒，所以儒教更发达。东汉的儒教有几个特色，一是纯粹变成训诂[①]和传注之学，儒者只晓得抱定遗经加以研究，不能另有创作。二是东汉解经之学，都是古文学派，到末年马融、郑玄出来，更为一代的大师。三是东汉的儒者设帐授徒之风很盛，往往一个有名的学者帐下弟子至数千人，不似西汉初年之但凭口授了。四是自西汉末年，谶纬[②]之学大盛，将孔子的学说附会许多神话，东汉还是如此。五是东汉之学者很讲气节，末年以太学为根据地，议论时政，与宦官的恶势力相争斗，出了许多慷慨死义的名士。

---

① 训诂，也称"训故""诂训"。解释古书的语义，偏重于解释词语的意义。用通俗的话来解释词义称"训"；用当代的话来解释古代词语，或用普遍通行的话来解释方言称"诂"。
② 汉代流行的迷信。大体以古代河图、洛书的神话传说和西汉董仲舒的天人感应说为理论根据，把自然界某些偶然现象神秘化，看作社会安危的决定因素。

第七章
怀疑与黑暗时代

大帝国之破裂

东汉一朝就政治上说起来实在是个腐败黑暗的时代，到了晚年，外戚和宦官的争斗愈趋愈烈，而政治也越腐败，加以和羌人连年的战争，弄得民不聊生，遂有黄巾军起来作乱①。政府因为想平灭盗贼，遂加重地方官的权限，结果酿成藩镇之祸。从东汉末年经过三国，一直到西晋，在政治史上算是黑暗时代，在思想史上也算是怀疑时代。

---

① 指黄巾起义，东汉末年张角领导的大规模农民起义。起义军以黄巾裹头，被称为"黄巾军"。黄巾军主力共经历九个月的斗争，动摇了东汉王朝的统治。

第七章　怀疑与黑暗时代

儒学之反动与怀疑

东汉儒学统一的结果，虽造出许多忠臣义士，但其末流支离破碎，专以经学为门面，毫无补于实际，因此不禁生出反动来。东汉末年如孔融、祢衡诸人已有反对儒教思想之言论，到了三国魏时，何晏、王弼诸人更提倡老庄，反对礼法。西晋时的竹林七贤①则更放浪形骸之外，以清谈名理为风气，和东汉的守礼情形大不同了。

道家思想之复活

因为反对儒家的结果，想找一条新路，于是道家的思想乘时复活。道家的思想本是注重无为放任的，正合乎当时的急求，所以研究老庄之学一时顿盛。不过这时的道家思想偏重于放任快乐一路，甚至如伪造的《列子·杨朱篇》，专提

---

① 竹林七贤生活时期应为魏末晋初。

竹林七贤图 〔清〕俞龄 绘

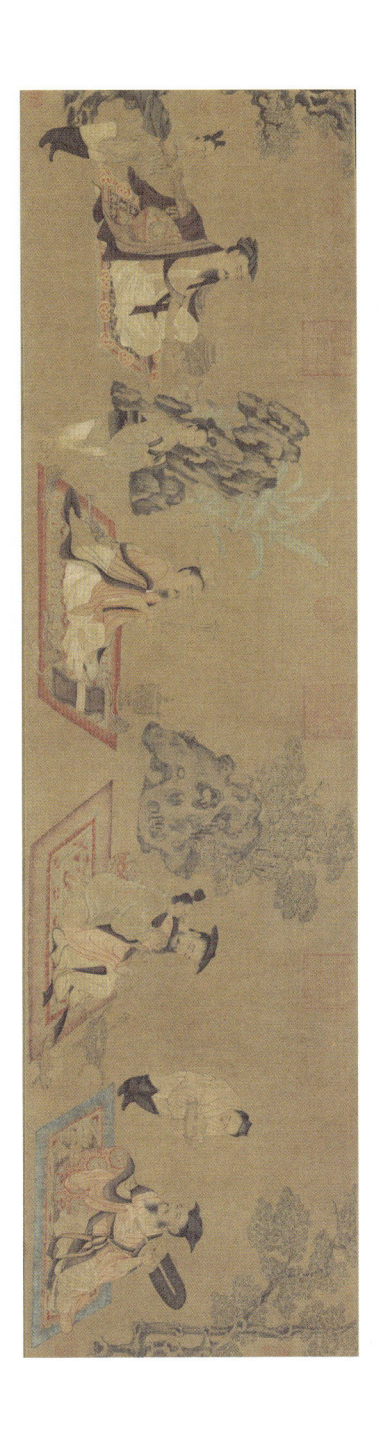

高逸图 〔唐〕孙位 绘

倡享乐主义，这与原始的道家思想就微有不同了。

道教之出现

道教与道家思想是无关的，它是汉朝的方士之变相。因为汉朝的谶纬之说很盛，所以末流就产出以神仙和符箓[①]为迷惑平民的下等宗教。东汉末年，这种下等宗教大约很多，到晋时因为老庄之学很盛，就都附会到老庄身上，而成为道教。不过道教的组织和教理之完全发达，还在佛教已经大行以后，窃取佛教的形式才成功的。

---

① "符"与"箓"的合称。"符"，道教称为天神的文字，笔画屈曲，似篆字状；"箓"，一为记奉道者之名册，二为记诸天曹佐吏之名及职责的名册。道教认为符、箓可用于除灾治病及役使鬼神。

第七章 怀疑与黑暗时代

新文学之成功

汉朝的纪事说理之文都很发达,但是纯粹文学只有从楚辞蜕化成功的赋体一种。赋是一种史诗的性质,严格讲起来也不能算作纯文学。汉朝的赋手除了司马相如、枚皋几个作家,其余都拾掇些奇怪的字面以堆砌成文而已,文学的意趣是很少的。大约汉朝是个重实际、尚功利的时代,所以事业上成就很多而文学上成就很少。《古诗十九首》等虽说是起于西汉,其实完全靠不住。大约古诗的体裁起于东汉末年,这种体裁对于旧日的赋体要算是一种新革命。到曹氏父子和建安七子出来,这种新文体的建设才算成功。以后的诗人便都用这种新诗体发表自己的艺术。许多有名的好诗如《古诗十九首》《孔雀东南飞》之类,至早也在东汉末年才能出现。同时在文体上也有了新变更,六朝骈俪之文也是自汉末发端的。

封建势力之反动

地方封建的势力自西汉武帝以后便已摧残净尽了，东汉一代只有宦官和外戚的争权，而不见有诸侯反抗中央，因为当时诸侯王的权力已经很微。三国时代更不足道。到了西晋初年，晋武帝鉴于魏以孤立而致速亡，乃又大行封建政策，结果引起八王之乱。这算封建势力的一个小小的反动。以后南北朝时期，封建王侯的叛乱也很多，不过比之秦汉以前的封建势力，则差得远得多了。

异民族之侵入中国

正是在这种的政治上腐败到极点、思想上也萎靡到极点的时候，忽然有一种新的生力侵入，给将就腐亡的中国民族以一种新的刺激，在政治上、社会上、思想信仰上，乃至种族血统上，都起了一种新的大变化，这真是中国历史上第一件值得记忆的事。这件事是什么呢？就是五胡民族的侵入中国。

第七章　怀疑与黑暗时代

五胡之分析

　　五胡是什么种族呢？照旧史所说，是匈奴、羯、鲜卑、氐、羌五种胡人。其实按其实际，只有三种，匈奴是北方民族，羯种人数最少，本不占重要地位，也算是附属于北方民族的。鲜卑是东北民族。氐与羌都是西北民族，所以实际上只有三种。再详考起来，鲜卑的民族都是匈奴的后人，也可算得北方民族了。

匈奴民族的盛衰

　　从汉元帝以后，匈奴已经变成汉朝的属国了。东汉初北匈奴西遁，南匈奴仍归属中国，住在边外。东汉末年曹操怕他们作乱，将他们分为五部，徙居于山西中部。这种人经过东汉、三国几百年的陶冶，已经吸收中国文化不少了。到西晋末年，中国大乱，匈奴遗部遂乘机起来作乱，他们的首领刘渊，颇有文武才，能够利用汉人的心理，尊重中国文化，故统一黄河流域，建设大国。不过他的子孙不能了解这种政策，仍然怀着种族之见，对于汉人颇为压迫，因此终久失败。羯种也是这样，他们对汉人比匈奴的态度更坏，最后引起汉人的复仇，将羯种完全杀死。匈奴结果也完全同化于汉人，历史上堂堂的大民族到此遂完了。

氐羌之同化

东汉一代最大的敌人不是匈奴，也不是鲜卑，而是青海、甘肃方面崛起的羌人，这种羌人即古代史上的西戎，本是一种最强悍的民族。陕西南部和四川北部的氐人，也是与羌人种类相近的一个小部族。当三国以后，羌人归化中国者甚众，多散居于陕西省内，到西晋末中国一乱，遂乘机起来，也建设了几个大国。这两种人后来也完全采用中国文化，变成了中国人。在西域交通复兴和佛教的输入上，这两种人关系最大。

第七章　怀疑与黑暗时代

鲜卑的统制中国

鲜卑据说是东胡的后裔，当西汉初年东胡民族为匈奴所击灭的时候，余下了乌桓、鲜卑两个部落。乌桓到西汉中以后渐渐强盛起来，它的根据地在今热河①一带，东汉时颇为边患，直到东汉末年被曹操击败，部落才瓦解，遗族也吸收到鲜卑族里面。鲜卑本也是一个小部落，自从东汉初年北匈奴失败西逃，南匈奴又归降汉朝，南迁塞旁，于是外蒙古②的地方空虚了，鲜卑遂乘机侵入占据了这些地方，匈奴的遗民十余万部落都改号为鲜卑，从此鲜卑遂一跃而成为大民族，到三国时吸收了乌桓的余众，部落更大了。所以五胡之中，鲜卑的势力最大，部落最多，年代也最长，正因为它是承继匈奴的正统。我们要知道西晋时代的匈奴，不过是匈奴民族的一小部分，真正的匈奴民族都已变成了鲜卑人，所以

---

① 旧省名。辖今河北省东北部、辽宁省西部及内蒙古自治区赤峰市。1914年设热河特别区域，1928年改设省，省会承德市。1955年撤销，分别并入河北省、辽宁省及内蒙古自治区。
② 即蒙古国，亚洲中部内陆国。原为中国的一部分，称"外蒙古"。1921年7月宣布独立。

从五胡乱华一直到北魏建国，可算是仍是继续自秦汉以来北方民族和中国民族斗争的大形势，直到北魏孝文帝采用汉化以后，北方民族才算是完全同化于中国民族，才因而产生了隋唐的新文化。

鲜卑的汉化

鲜卑人从西晋末年就建设了许多国，就中如前燕等文化颇高。最后拓跋氏出来，乘机统一了中国北部，建设了北魏大帝国，五胡乱华的形势至此遂告一段落，而造成鲜卑民族与汉民族南北对抗的新形势。到了北魏孝文帝出来，极力采用汉化政策，迁都城、易服色、改姓名、改言语，结果使鲜卑人完全同化于汉人。这个政策对于中国历史的影响极大。因为从此以后中国民族的内容扩大了，陡然增入许多有力的新分子，将旧民族、旧文化从衰老的状态中挽救出来。以后隋唐大帝国的新气象，都是从这个民族的大调和上孕育出来的。

第七章　怀疑与黑暗时代

印度思想的输入

印度的佛教思想虽然早已输入中国，但是未能盛行，直到五胡乱华以后，挟着异民族迁徙之力，才大规模地正式输入。因为这些异民族多是与中亚有关系的，中央亚细亚当这个时代本是佛教的中心，那些异民族从这里直接、间接学到了佛教的信仰，侵入中国以后，就拿这种教义征服中国人。就中如后赵石勒之崇信佛图澄，后秦姚兴之崇信鸠摩罗什，于中国佛教的发展，都有非常的影响。

东西交通之复开

从东汉中年以来，中国同西域的交通就从新断绝了，到了这时候，因为异民族的侵入而中西陆路交通复开。而且当时因南部中国之开化，而海路也开辟起来。陆路是从陕西、甘肃走新疆——当时尚系西域诸国——而达中央亚细亚，海路则由广州出发，航行南洋群岛，最西曾抵印度。

南部中国之开化

自汉以前,中国的文化中心都在黄河流域,东汉末年长江流域建设起吴、蜀两国,将长江上、下流逐渐开辟,吴国的讨平山越,蜀汉的征服南蛮,都是中国民族在南方经营异民族的一个步骤。不过当时长江流域甫经开辟,尚未臻发达,所以合吴、蜀两国之力不能敌一魏国。到西晋末年,北方陷于夷狄,晋室南渡,北方的世家大族以及平民都纷纷南迁,因此长江流域骤然开化。虽然北方的历史上凭借很远,元气不久即恢复,但从此南北文化地位平等,直到宋朝以后,南方就驾于北方之上了。

第八章
新文化成熟时代

黑暗与光明

从三世纪到四世纪末,即三国和东、西晋的时代,在中国历史上是一个黑暗的时代。但这种黑暗是有代价的,它的代价是民族的大调和和印度新思想的输入,到了五世纪初年,这个准备工夫已经成熟,于是新文化的光明遂显示出来。就中国历史而言,这种新光明时代之开始期当自南齐即北魏孝文帝时代以后起。

异民族之完全同化

北方自鲜卑的北魏平灭诸部建设起大帝国来以后,各种侵入中国的异民族已冶为一炉了。

到北魏孝文帝以后,力倡汉化政策,从此鲜卑就都知道羡慕华风，虽然一时不能说全部同化，然而大体上已经降服于中国文化了。到了北魏分裂为周、齐两国，北齐的汉化较浅，北周则最深了，北周灭了齐之后，鲜卑人便完全同化于中国了。

佛教之流行及发展

自从赵石勒极力提倡佛教以后，佛教的信仰便渐渐流行于中国，当时无论南北，皆在一种思想上的烦闷时代，得了这一支生力军，岂有不积极追求之理？所以欢迎胡僧东来和华僧西渡求法的事便大大盛行起来。对于佛教在中国传布最有大影响的，要算鸠摩罗什之东来和法显之西渡。鸠摩罗什本是龟兹国人，受后秦王姚兴的优礼，住在长安，翻译经典，从此中国人对佛教才有了正确的观念。法显则自海路航行印度，寻求经典，著《佛国记》一书，为旅行记中之古典。这两人可以代表当时中国人欢迎佛教的两大方式，四世纪以后，东来传教和西渡求法的和尚络绎不绝，给中国思想信仰界一种极大的帮助。

佛教之发展于民间

佛教不单是哲理的宗教，也是平民化的宗教，自异民族侵入中国以后，他们的民间的信仰佛教的风俗，传染到中国社会。四世纪以后，佛教正式成为民间的信仰。上自宫廷，下至编氓①，都被佛教的信仰所支配。北魏的历代君后无论矣，即南朝的汉族诸君主，如梁武帝、陈武帝等，都几度舍身于佛寺，可见当时佛教势力之大了。

中国自创之佛教

佛教在印度最发达的派别本是小乘，但到中国来的都是大乘。起初中国人对佛教教理尚未全部了解，故所望只在尽量地翻译介绍。到鸠摩罗什以后，介绍的工作已告相当的段落，于是中国人自创的佛教遂纷纷出现，最初北魏时代昙鸾

---

① 也作"编民"，指普通人。编，谓编入户籍。

石勒问道图（局部） 〔元〕钱选 绘

创净土宗，其后陈、隋之间，智𫖮创天台宗，唐初杜顺创华严宗，玄奘创法相宗，慧能创禅宗，这些宗派之中除了法相宗系印度本有但经玄奘发扬光大，其余各派都是中国人自创的，不过托言源出印度罢了。

由分裂而统一

从西晋以后，中国分裂了百余年，北魏建国后，北方统一，造成南北对抗的局面，这样又过了百多年，北魏分裂为周、齐两国，但是不久齐为周灭，周又为隋灭，隋又灭了南方的陈，从此中国遂复归于统一。隋朝虽然传世不久就亡国，但是后来唐朝统一帝国的种种规模都是从隋朝起的。

艺术上所受西方文化之影响

从东西交通恢复印度文化输入以后，不但中国的思想信仰界受了影响，艺术上也生了极大的变化。中国自汉以前，艺术观念本很薄弱，这时候受了西方文化的影响，几乎全部被外来的艺术征服。绘画、音乐、建筑、雕刻，乃至文学、戏剧无不如此。

绘画之发展

汉朝的绘画传下来的只有武梁石祠画像[①]，是很素朴的，到六朝时代，佛教输入，绘画界受了影响，遂大发展起来，张僧繇、顾恺之、陆探微诸人，都以画佛像、画龙、画狮子等著名，这都是受了佛教作风的影响。

---

① 即武氏祠画像。东汉画像石，在今山东省嘉祥县武翟山，是武氏家族墓葬的双阙和四个石祠堂的装饰画，其中以武梁的祠堂为最早，从建和元年（147年）开始，数十年间陆续营造，故也称"武梁祠画像"。

雪山红树图 〔南朝梁〕张僧繇 绘 〔清〕乾隆 题

女史箴图（局部） 〔晋〕顾恺之 绘

音乐之进步

中国的古音乐是琴瑟之类,也是很单纯的,到六朝以后,西域交通恢复,才有许多新乐器,如笙、笛、琵琶之类输入,音乐及戏剧界都生了绝大的变化。唐朝玄宗以后,音乐的成熟达于极点,造成了一种优美文雅的生活,这是历朝所没有的。

建筑、雕刻之进步

中国的建筑在秦时已经发达,但形式大都是方整的,没有变化。六朝以后,佛教输入,于是印度风的建筑如亭、幢、塔、庙之类就发达起来,给中国人的居室以一种新形式。南北朝的建筑特别发达,其中穷侈极丽、夐出意表,可说大半受西方的影响。至于雕刻一事,中国向来不发达,唐朝有个杨惠之,算是塑像名手,当然也是受佛教的影响啦!

第八章　新文化成熟时代

诗歌之新体制

我们在前面已看到当东汉末年,已经有一种革命的新诗体流行起来代替了旧日骚赋的地位。这种新诗体逐渐分化为两种形式,在文人学士社会中流行的庄雅端重的体裁则为古诗,在民间社会中流行的自然轻丽的作品则为乐府。无论古诗还是乐府,因为它的语句的构造和篇幅的节制很合乎语言的自然韵律,故在此后千余年中终成为中国诗歌之正统,而不能摇动。不过到了南北朝末年,受印度音韵学的影响而有四声之区别发生,将此四声应用到诗里,造成一种更工整谐和的新诗体,便是律诗。在以后千余年中,律诗与古诗占同等重要的位置,也可算受外来文化之影响了。

小说之流行

诗歌而外,小说之流行亦为受西方文化的影响之一。笔记体裁的神怪小说起于六朝,显系受了佛经的影响。到唐朝则发达成为结构描写俱佳的短篇小说，在中国文学史上可算一大进步。

戏剧之出现

中国古代无正式的戏剧，到六朝时代从西域输入许多新的乐器，才造成一种简单形式的歌舞剧。至唐时戏剧逐渐发达，虽未若宋、元以后的完全成功，然比较上古已经不可谓不进化了。

南北文化之分野

自汉以前只有北方文化，南方尚在未开化时代，自西晋末北方受了异民族的蹂躏，而南方则因汉族之迁移而纷纷开化，自此以后南北文化遂成对抗之局。大体上南方文弱，而北方刚健，在文学及艺术上表现这种色彩尤其显著。

第八章　新文化成熟时代

社会阶级的分化

北方因为异民族的侵入，固有的汉族为保持自己族姓的清白起见，常常拒绝与异种通婚姻。南方新迁入的汉族对于土著的平民亦然。因此南北都形成一种社会上的特殊阶级。北方的崔氏、卢氏、郑氏，南方的王氏、谢氏，都是社会上最有荣誉的大族，帝王都无法与他通婚姻。

均田制之实行

均田之议自汉儒极力鼓吹，渐成为一种学者间的公论。到西晋武帝平吴后遂做户调之法，将土地收归公有，分配于人民。但不久西晋亡，其制遂废。后魏孝文帝又做均田之制，其法分世业田及授田两种，自此以后北周、隋、唐都因其制，到唐天宝乱[①]后始废。

---

① 即安史之乱。唐安禄山、史思明发动的叛乱。

第九章
隋唐帝国的黄金时代

由分裂趋统一

自西晋末年五胡祸起，中国趋于分裂。虽然表面上看起来形势很混乱，不容易得一个头绪，其实详细分析起来，形势也很分明。当时中国的大势始终是一个南北对立的局面，而北方又始终是一个东西对立的局面。前者是很容易看得出来的，后者则最初有前燕、前秦之对立，而燕为秦灭，稍后则有魏与夏之对立，而夏为魏灭，再后则有东西及魏、北齐、北周之对立，而周卒统一北方。可见当时北方虽然混乱，其实统一的机会也很多，大体上国民的趋向是往统一方面走的。至于南北朝虽然对立了好多年，但中间也很有统一的机会，如桓温、如刘裕，其北伐事业都几乎成功。中国民族性的趋向统一，是分裂所以终久不能继续的最大原因。

第九章 隋唐帝国的黄金时代

北周的工作

当时中国分裂唯一的危机在种族的不易调和,但幸而魏孝文帝起来完成了这一部工作,他努力使异族吸收中国的文化,化除了种族的界限,在中国统一事业上,他真是一个大恩人。次于魏孝文帝而在当时统一事业上有大功绩的便是北周的始祖宇文泰。他的努力于政治的改革给后来统一帝国留下许多好的先例,到他儿子武帝手里便灭了北齐而统一北方。

隋代大帝国的成立

从北周的很稳固的政治基础上,遂促成了隋朝大帝国的出现。从此中国便从新入于统一平和之途。隋朝传祚虽然很短,但后来唐朝的一切文物制度都是承接隋朝而来的,所以它的关系也很重要。

运河之开凿

隋朝给予后世最大的影响要算是运河的开凿了。在运河未开之先,中国南北的文化风俗显然有不同的趋向,这种趋向是有害于国民性的统一的,推其原因是南北交通之不便。自隋炀帝因游幸江都而特开运河,自河入汴,自汴入淮,南北的交通从此便利许多,虽然他的动机是为一己的私欲,虽然当时人民受了很大的骚扰,但对于后世不能不说是一种很有利益的工作。

科举制之兴起

隋朝的第二个大工作是废汉魏以来辟举之制而代以科举考试制。我们前面已经晓得六朝时代社会上阶级的区别很严,为这个阶级制度做保障的还有一个制度,就是汉魏以来的辟举之法。汉朝的拔取人才都是由于辟举,即由各地长官采访人才保荐上去,再加以考试录用。到魏晋以后这种采访人才的责任便专归到一种名为九品中正的官上去。结果这种九品中正专仰给当地势家的鼻息，平民中虽有奇才异能之士，不经他推举，永远不能自达于朝廷，这是人才沉滞的最大原因。到隋炀帝时，便毅然废了此制，特开进士科，令读书人自由报名应考。从此平民参政之途复开，社会阶级遂不攻而自破了。

与日本的交通

隋朝时代中国统一，国威远播，北服突厥，南通南洋，西开西域，都和后来几百年的东亚大局有关，不过在文化上最有关系的要算与日本的交通。自日本于隋炀帝时代遣使来交通后，到了唐朝，两国的交通更甚，日本的学者僧侣纷纷留学于中国，回去之后，尽力地灌输中国文化，就将一个野蛮的岛国开化了。

唐太宗的治绩

隋文帝是个恭俭勤劳的令主,假使继起者能稍稍追随他的治绩,隋朝的统一事业定可继续下去。不幸他的儿子隋炀帝荒唐到了万分,生生将个已经安定了的社会,搅扰到鸡犬不宁,迫不得已,人民才起来自卫自救,遂促成了唐朝的代起。唐朝的第二代君主太宗,是个非常的英杰,他亲手用武力扫平了群雄,又用文治将中国引导入了和平的轨道,开此后三百年统一帝国之局,真是历史上可以纪念的一个大人物。

突厥之破灭

从鲜卑入据中国以后,蒙古的土地为鲜卑同种的柔然人所据,很为北魏之边患。南北朝末年,柔然势衰,有一个新民族名突厥者代起。当时中国分裂,疲于内争,故突厥很跋扈,其势力直达中亚,为亚洲第一强国。到隋文帝统一中国之后，用离间之计，使突厥自行分裂，因以降服之。隋亡后突厥一时又强。到了唐太宗时候，始以武力征服蒙古及新疆，东突厥归降中国，西突厥远遁西方，遂为后来土耳其人之始祖。

极盛时代之唐朝

唐朝的极盛时代要算太宗、高宗两朝，当时帝国统治的势力东达朝鲜、西达波斯、北达西伯利亚、南及南洋群岛，此外日本及印度也都仰望风采。在全世界上除了阿拉伯人的伊斯兰教大帝国，再无能与之抗衡者了。

唐代的东西交通

唐朝的国威既然如此远播，因此与西方的交通自然也就频繁起来。当时东西交通有海、陆两道，陆路从长安西行经甘肃、新疆，越葱岭①，经中央亚细亚，西达波斯，南抵印度。海路则从广州出发，航行南洋群岛间，西抵印度锡兰岛②，最西或入波斯湾与阿拉伯帝国交通。海、陆两路，贸易都很繁盛。

诸宗教之输入

唐太宗对于宗教取宽容自由的态度，因此国内各种宗教都很发达，除早经输入之佛教及中国人自创的道教之外，由阿拉伯传入之伊斯兰教，由波斯传入之祆教③、摩尼教④、景

---

① 古山脉名。传说以山多青葱而得名。
② 即斯里兰卡岛。
③ 即琐罗亚斯德教。旧译"火祆教""火教""波斯教"等，波斯古代宗教，传为公元前6世纪由琐罗亚斯德创立。奉《波斯古经》为经典。6世纪主要经中亚粟特人传入中国，隋唐时曾在洛阳、长安建祆祠，宋后渐湮没无闻。
④ 旧译"明教""末尼教""明尊教"，伊朗古代宗教之一，公元3世纪由摩尼创立，7世纪左右传入中国，9世纪初，在洛阳市、太原市敕建摩尼寺。元明以后渐融合于其他教派。

教①，都在中国建寺收徒，传布甚广。

玄奘之西行求法

唐朝因为姓李的关系，遵道教始祖老聃为玄元后帝，定道教为国教，故道教之传布很盛，不过以教理之深，势力之广论，仍不如佛教。当太宗时有名僧玄奘西行赴印度求法，凡旅行十九年，在印度学得最高智识，战胜一切异端，归国之后，备受国人欢迎，终身翻译经典，给中国的宗教界及翻译界都开辟一条极大的光明路径。

---

① 唐代对首次传入中国的基督教（聂斯脱利派）的称谓。贞观九年（635年）基督教叙利亚教会教士阿罗本由波斯来中国，开始在长安（今陕西省西安市）传教建寺，后向其他各地发展。

唐帝国之黄金时代

从唐朝开国以后,太宗、高宗两朝都是向外发展时代,国威很盛。高宗以后,虽然有武韦之乱,但都是宫廷间的争夺,当时帝国全部仍然坚固,国力仍然不断地向外发扬,到玄宗出来,政治复入轨道,遂造成开元、天宝间三十余年的唐朝历史上的黄金时代。

由盛而衰

唐朝的国势到了开元、天宝之间正是如日中天的时候,突然遇了安禄山的叛乱,黄河流域都卷入战涡。乱平之后,河北藩镇纷纷割据,河南的军人也常有争夺发生,中央政府威信日隳。内里又为宦官凭借禁军之力,把持政权。唐朝政治像这样一天一天衰颓下去。不过虽然如此,究竟开国时所遗留的凭借很厚,一时尚不至就全形瓦解,就帝国的全部情势看,大部分尚在与中央发生连属关系的平和状态之中,这种平和状态以后还继续了几乎二百年，在这二百年中，社会上各种事业仍然继续往前发展，大体上看起来仍然是黄金时代。

唐帝国之经济力

维持唐帝国使其不至于即行衰颓的重要原动力是当时的经济状态。当隋、唐以后，南方的经济力已经超胜于北方了。当时南方的经济中心约有三个。一是四川，距唐都长安最近，号称"天府之国"。二是江淮，当安史之乱时，赖张巡、许远保守睢阳，使江淮之间不受蹂躏。乱平后中央政府的经济就大半仰仗这地方的财赋。当时监利复兴，因运河的关系，扬州成为最繁盛的都会。三是广州，当时因与西方诸国交通的关系，故广州成为海外贸易之中心，唐朝特设市舶使以征取财赋，亦为国用之大宗。当时中央政府既有此三个重要经济中心在手里，当然境象尚好，社会经济也因之照常发达。直到黄巢作乱，将广州及江淮尽行蹂躏后，才使帝国真正瓦解。至于北方虽经军阀割据，但大体上也是和平时代为多,故直隶、山东一带,社会经济力也很发达。

诗歌之极盛

唐朝文化的最高表现是在文学和艺术,尤其是诗歌方面有极高的成绩。唐朝因为以诗赋取士,所以诗的研究极精。初年有初唐四杰[①]及沈佺期、宋之问等,其时体制尚未完成。到了开元、天宝之间,诗人辈出,大体上可分四派,王维、孟浩然等一派,专以自然为宗,后来继之者有韦应物、柳宗元等,可以说是诗家的正统。高适、岑参一派,描写塞外境物,悲壮淋漓,系从北朝乐府化出,开后来张籍、李益等乐府之风。李白天才横溢,迥绝百代,后无继者,却可为集古诗之大成者。杜甫诗境包罗万象,开辟新境,号称"诗圣"。自杜甫以后,诗的领土突然加了许多新意境、新方法,可以算是诗界革命家。以后的诗人,几乎十分之八九都是杜甫一派,其他各家便相形见绌了。

---

① 指初唐文学家王勃、杨炯、卢照邻和骆宾王。

杜甫诗意图（局部） 〔清〕丁观鹏 绘

散文的革新

自魏晋以来，文体上采用了骈俪之体，散文几乎废止，隋、唐以后渐有厌恶这种文体而想加以革新者，但实际上影响尚少，直到韩愈、柳宗元等出来，力倡恢复古文，于是散文才又复活，这是一派。此外民间流行的小说、故事等，亦多系文人捉笔，虽然骈散间行，但叙事缠绵婉转，成就甚佳，也是一派。又有些和尚及儒者等用白话来作语录，开宋人之风，也不失为一派。这三派虽然方面不同，内容也异，但都是对于旧文学的一种革新。

绘画之进步

除文学而外，唐朝艺术的成就也很高。绘画自唐初已有阎立本等以画人物、佛像著名，开元中吴道子集此派之大成，结古派之局。同时李思训与王维俱善画山水，李为北派，以工笔见长，王为南派，以意境见长。王维的一

步辇图（局部） 〔唐〕阎立本 绘

职贡图 〔唐〕阎立本 绘

耕渔图（局部） 〔唐〕李思训 绘

剑阁雪栈图 〔唐〕王维 绘

派，后来流行于文人学士之间，成为中国画的特色。书法是中国的一种特有美术，发始于魏晋，到唐朝也出了许多名家。

音乐之发达

唐朝的音乐更是发达，当时政府有国乐、有宫廷之乐、有官妓专为人弹奏音乐，私家蓄声伎的也非常之多。文人学士无不精通音乐。当时的诗歌绝句都可谱入乐器。后来遂有诗余一体出现，开宋词之先。唐玄宗时代提倡歌舞最盛，音乐的大发达当起于此时。

唐代人的生活

唐代是个文学艺术空气最浓的时代，故生活极为优美，饮食、衣服、居室都有进步。虽武人也知尊重艺术。社会上礼教也很疏阔,女子为女道士、女妓者甚多,男女交际似乎也不很严。对于思想、宗教等概取自由信仰态度,压迫很少。

第十章

文化的收敛与民族的屈辱

唐帝国之病征

唐朝帝国经过三百年的和平丰乐，破绽便逐渐显出了。一般人因为生活太舒服，流于享乐主义，毫无气节和抵抗了。军阀又只晓得剥削人民，弄得社会经济一天比一天枯窘。宫廷之间也奢侈过度，不顾民生疾苦，结果引起黄巢流寇之祸，帝国经不住打击，便瓦解了。

黑暗之五代

从黄巢起兵始，一直经过了多年的争夺屠杀，造成了五代的局面。这六七十年中可算是中国文化史上的黑暗时代，除了南唐和后蜀的词的作品，简直没有一些成绩可言。这当然是由于环境不良的关系。

第十章　文化的收敛与民族的屈辱

外患之日深

从唐朝中叶以后,北方的回纥、西方的吐蕃、南方的南诏、东北的契丹已经纷纷来侵略了。不过这些尚都非腹心之疾,直到后晋石敬瑭将燕云十六州割让给契丹,从此东北藩篱俱失,开此后三百年中国民族屈辱之局。真是历史上应该注意的一件大事。

统一之复现

经过五代短期的分裂,到宋太祖时代,中国便又归于统一。宋朝的政策是取保守主义,对外一度竞争失败,遂事事取退让态度。对内政治尚好,但也只是苟安敷衍,并无远大计划。不过因此中国人民又得了一百多年的休养生息,一切文化得以自行发展,也未始非政治安定之功。

苟安的思想

在北宋一代最有力的思想是苟安平和，上自君主，下至士大夫、平民，都怀抱着同一的见解。对外务求屈服忍辱，每年拿许多金币送给辽以求和平，甚至西北小小的西夏，也要每年送许多钱给它。对内则诸事取敷衍态度，养兵甚多而不能用，设官甚多而无所事事。稍有作为的人便受排斥，这是暮气民族的表现。

文学的复兴

在这种平和的境地之下，文学自然容易发育。唐朝虽然有韩愈等提倡古文，但士大夫社会间流行的文体仍然是骈体，五代和宋初仍然如此，到北宋中叶欧阳修出来，始提倡恢复古文，以矫当时的风气。自后有曾巩、王安石、苏洵、苏轼、苏辙等古文名家辈出。古文遂代骈文而为文学正统了。不过宋朝的四六文也还盛行于社会，别有一种风格。

第十章 文化的收敛与民族的屈辱

诗的发展

自唐杜甫以后,诗界开了一个新领土,后来作者都不能出其范围。中唐以后如韩愈的奇崛、白居易的平易、李义山的耨丽,都是从杜脱化而自成一家者。晚唐五代及宋初,大家都学李义山体,到欧阳修出来,才打破这种空气,另创新派。以后有梅圣俞、苏舜钦、苏轼、王安石、黄庭坚等。而苏轼天才最高,成就最大。南宋有陆游,金有元好问,也都是大家。黄庭坚一派到南宋盛行,号为江西派。宋诗的长处就在更近于言语的自然,短处在议论多而神韵少,所以不及唐朝。

词的发展

词是一种新创的诗体,较诗的形式稍为复杂,故能表现诗中所不能表现的意境。这种体裁大约始创于唐末,到五代时后唐、南唐、后蜀的君主和宰相都喜欢作词,故风气大开。其中尤以南唐后主李煜所作最为超绝,是中国历史上第一个大词人。到了北宋，作者更多。晏殊、欧阳修、柳永、苏轼、秦观、黄庭坚都很有名。大约柳永、秦观等以字面茜丽见长，虽非一派，大体上相近。这一派是词的正宗，后来无能继者。苏轼一派以意境豪放见长，到南宋有辛弃疾更加痛快，末流简直像说白话，发议论，没有诗的意义了。北宋末年有周美成者因深通音乐，故所作词皆切合音韵，以此为人所重，到南宋姜夔、吴文英等出来，更加向此方面发展，其末流专顾音韵及字面，不顾内容和神理，竟至不通。大约宋词因能谱入音乐，故其流行更普遍，平民社会也很盛行。

艺术的发展

宋朝的艺术如音乐、绘画等都很发展，音乐虽无杰出的人才，但在宋代很是普遍，并且与当时的新文学——词——结合，到金、元时便变为戏曲。绘画到五代时已有荆浩、关仝等名家，到北宋更加名手辈出。北宋末年宋徽宗创设画院，集许多名手于其中，其成绩在中国绘画史上要算空前绝后。可惜到南宋以后，王维一派的山水画流行，文人学士图

五代梁图（局部） 〔五代后梁〕荆浩 绘

五代梁蜀山栈道图 〔五代后梁〕关仝 绘 〔清〕乾隆 题

听琴图 〔宋〕赵佶 绘 〔宋〕蔡京 题

聽琴圖

吟徵調商竈下桐
松間疑有入松風
仰窺低審含情客
以聽無絃一弄中
臣京謹題

其省便，大家只管意境，不管结构和描写，宋画院派那种伟大庄严的气象遂丧失了。

变法革新的失败

北宋的内政尽管平和，但是弊端一天一天地加多，外交界更是不堪言了，因此当时有志的人都想加以改革。其中欧阳修、李觏一派的江西人主张功利主义，最能救治当时的弊病。到王安石出来，得了神宗的专任，遂一意变法维新，以富国强兵为目的。不幸在宋朝那种苟安的空气之下，保守派的势力很大，王氏终于失败。自此以后，新旧两党互争，弄得为小人所假借，失去本来的意义，而宋朝也终于亡了。

黄河流域的再陷

宋朝一代与外患相终始。起初东北有辽人是宋的劲敌。

宋神宗坐像 〔宋〕佚名 绘

不过辽之兴起是始于五代，到宋初已经有些暮气，故不能有作为。到北宋末年，辽的属部有女真一族突然兴起，先灭辽，又侵略宋朝，宋朝不能抵抗，徽、钦二宗被掳，高宗南渡，迁都于杭州，黄河流域从此失陷于异族。这种异族不像五胡的乱华尚有西方文明可以输入，他们的成绩只是蹂躏地方，又过了一百年，金人也被蒙古所灭，黄河流域二度被蹂躏。黄河流域经过这几次游牧民族的侵袭，元气大伤，至今不能恢复。

蒙古人之崛起

金与南宋对立了一百年，两方面在文化上都仍然承袭北宋的苟安主义，所以毫无气色。到了末年，北方兴起了一个新民族，名叫蒙古，他们的首领铁木真统一了蒙古诸部，西灭了花剌子模，南灭了金，他的子孙继续扫平欧亚许多国家，灭了南宋，建设了一个大帝国、四个大汗国，在政治史上和文化史上，蒙古人都是一颗大彗星。

第十章 文化的收敛与民族的屈辱

蒙古人对于世界文化的影响

蒙古人当时所处的地位是很好的，国土既然这么大，威力又这样普遍，世界上的几个文化中心如中国、波斯、阿拉伯、印度、欧洲都直接在他的势力之下，蒙古人如少有智识，则至少融合世界文化的责任是可以做的。可惜蒙古人是一种最固执的游牧民族，他们不但不了解文化的重要，也无意去了解它，他们的破坏力最大。阿拉伯帝国的文化全由蒙古人将它毁完，波斯与中国也受蹂躏不少。不过到这种民族一旦定居一地，由行国变为居国的时候，中国的文化便立刻征服了元朝，而波斯与阿拉伯的伊斯兰教文化也终于同化了伊儿汗国。

东西交通的开辟

蒙古人因为领土广阔，所以很注意修路，又创驿站之制，对于交通事业颇有建设。故当时世界交通顿然较前便

元代帝半身像册　元太祖成吉思汗半身像　〔元〕佚名　绘

利，海陆两路都很发达。中国人之开发南洋也始于此时。意大利人马可·波罗（Marco Polo）来游中国，归后著游记，风行欧洲，遂引起欧人侵略东方的心思。

理学的盛行

蒙古人虽然征服了世界，但对于文化上并无贡献，中国的文化仍循旧有的老轨道走，一些也不变更。当北宋中叶，有陈抟一派道家思想与儒家结合，遂产生了新儒家的思想，后来又吸收了佛教的理论，当时称为理学或道学。北宋的有名道学家有周敦颐、张载、程颐、程颢等，到南宋朱熹出来始集其大成。与朱熹同时的有陆九渊和他反对，又有吕祖谦、陈亮等倡功利主义，但都胜不过朱熹。南宋末年朱氏一派道学空气笼罩长江以南，到元朝更普遍了。朱氏学说主张主敬存诚，其为说本来近乎经验派，末流之弊过于拘谨，重视个人私德，轻视公众事业，遂成为一种束缚人心才智的工具了。

喇嘛教之流行

佛教到了唐朝已经极盛，后来唯禅宗最为流行，其为教派不立文字，故便于作伪。又有真言宗者专以密咒为主，不盛于中国，唯自唐初即流入西藏，当时西藏吐蕃国初强，吸收中国及印度文化，最欢迎这一派的佛教。结果自唐末经过宋朝一代，僧侣的权力一天大过一天，就挟制国王，干涉政治了。蒙古人灭了吐蕃以后，将这种教输入中国。蒙古、满洲人[①]都信奉它。在中国虽未流行，但与民间道教的神秘思想结合，产生许多秘密的宗教。其中势力最大者为白莲教，元之亡即亡于白莲教人之首先倡乱。

---

① 清代满族自称。满族原为女真人后裔。16世纪末、17世纪初，以建州女真、海西女真为主体，融合汉、蒙古等其他族而形成。1635年，皇太极废除诸申（女真）旧号，定族名为"满洲"。辛亥革命后通称为"满族"。另，满洲也为一地理名词。地理意义上的满洲通常指今天的辽宁、吉林和黑龙江三省全境，内蒙古东北部地区（东四盟），旧热河省部分及外兴安岭以南（包括库页岛）。

第十章 文化的收敛与民族的屈辱

戏曲的发达

元人在文化史上唯一的光荣是他们的剧本。原来戏剧到宋朝已很有规模了。金时杂剧盛行，已有文学家从事制作剧本。到元朝更作者辈出，马致远、关汉卿等最为杰出。不过以结构论元曲尚极简单，不及明代传奇的完备了。此外有散曲一种，系单独填写没有脚色[①]宾白[②]的，与词差不多，这就是一种新诗体了。

---

① 又称"角色"。传统戏曲中根据剧中人不同的性别、年龄、身份、性格等而划分的人物类型。如一般男子称生或末，老年妇女称老旦等。各具有表演上不同的特点。唐代参军戏只有参军、苍鹘两个固定脚色；其后宋杂剧、元杂剧、明传奇逐渐增加，由简而繁，名称也各有不同。
② 戏曲剧本中的说白。明徐渭《南词叙录》载："唱为主，白为宾，故曰宾白，言其明白易晓也。"一说"两人对说曰宾，一人自说曰白"（见明代单宇《菊坡丛话》）。宾白可以分为韵白、散白，还可以分为独白、对白、同白、带白、插白、旁白、分白等。

第十一章
东西交通之初启与民族精神之复兴

宋末的民族思想

宋朝自开国以来就很尊重智识阶级,所以宋朝的智识阶级也很有权威,他们的势力常能影响国政。因此宋朝也很得到他们许多帮助。譬如,北宋末年,蔡京、童贯等小人执政,就有太学生陈东等伏阙上书,请除奸救国。南宋初年这种士气因外患的结果,一变而为民族的义愤,社会上的舆论都主张对金人取强硬态度,主和的秦桧所以被后人骂得狗血淋头,就因为他违背了这种人民公意。到南宋末年,更有文天祥、陆秀夫一班书生出来替宋朝做最后的挣扎。宋亡以后,遗民如谢翱、郑所南辈更大鼓吹民族思想,当时虽未见效,但元之速亡未始不受这种鼓吹的影响。

第十一章　东西交通之初启与民族精神之复兴

明太祖之平民革命

中国历史上虽然每隔二百多年必有一次改姓易代的革命行为，但就每次革命的性质统计下来，大都是以地方反抗中央的行为，其因虐政压迫而激起之人民自发的革命，仅有秦末、隋末、元末三个时代。秦末汉高帝以平民革命而成功，但同时起兵的多是六国的后代，高帝最初也依赖楚怀王的声势，所以大体上还是贵族革命的性质。隋末群雄大多起自民间，但成功的是贵族出身凭借地方势力的唐高祖，所以也不是纯粹平民的革命。独有元朝末年，最初举兵的韩林儿、刘福通辈是白莲教的头目，以后各地举兵的也都是平民，明太祖更是道地的无产阶级，这个倒确是以前所没有的。所以至此，大约由于元朝压迫汉族过甚，汉人没有得到重要的政治地位。

明太祖之专制手腕

平民出身的明太祖,一到得了帝位之后,比以前的历朝君主更会取压迫专制的手腕。他的杀戮功臣有似汉高帝,而干涉思想、迫害文人比汉高帝还厉害。他因为要大权独揽,连宰相也都废去。并且定出廷杖朝臣之例,摧残士气无所不至,真是一个专制的恶魔王。

八股文之成立

自隋炀帝创科举考试制以来,历代雄才大略之主都以此为牢笼人才的工具,唐太宗甚至有"天下英才入吾彀中"之傲语。唐朝考试主要科目有进士、明经两科,进士科专考诗赋,很受社会的尊敬,所以唐朝士人多虚华无实。到了宋朝王安石想矫正这种弊病,就创以经义取士之法,结果反造成许多迂阔无用的腐儒。明太祖是个不懂学问的人,他一心只想禁锢思想、消灭反动,于是更创出八股制义的体裁,简直

太祖坐像　〔明〕佚名　绘

是一种文学上的游戏，此制一出，历明、清五百余年，愚蔽学者的头脑，以致国弱民愚，结果非常之坏。

道学之统一思想

南宋的道学，到了元朝就成了社会上唯一的权威，无人敢加以反对，不过还没有得到政治上的正式保护。及至明太祖即位，因为想借道学压制当时的人心，并且自己与朱熹同姓朱，就钦定考试制义必须以朱熹的学说为根据，不许有人反对批评。这样一来，朱学被专制帝王所利用，就成了禁锢思想的利器了。

航海事业之发展

明初，即十五世纪之时，正是欧洲航海事业刚发展的时候，中国的航海事业也同时发展。当元朝征服后印度半岛

第十一章　东西交通之初启与民族精神之复兴

及南洋群岛的时候，中国人对于航海已渐注意。到明成祖时代，派遣宦官郑和出使南洋，前后数次，其行踪东至菲律宾群岛，西至非洲东海岸，所至征服土著诸小国，替中国民族开了一条发展的新路。自此以后，国人往南洋贸易谋生者渐多，南洋浸成为我族人之殖民地。

欧人之东来

在郑和出使南洋之后约十年，即一四九八年（明宪宗弘治十一年），葡萄牙人华士哥德噶马（Vasco da Gama）[1]发现了南非洲的航路，从此欧亚交通开了一条新路径。葡萄牙人首先东来，略得了印度的卧亚[2]及南洋的马拉加[3]，拿这两个地方做东方侵略的根据，从此进而与中国谋交通。最初由广东上岸，寄居在上川、电白、澳门三地。到一五三五年（明世宗嘉靖十四年），向中国政府租得澳门岛，以后欧人

---

[1] 即达·伽马。
[2] 今印度果阿邦。
[3] 今马来西亚马六甲。

来华便有了确定的居留地了。

阳明学派之兴起

到了十六世纪初年,正是世界的大势开了一个新幕的时候,中国的思想学术界也起了一番新运动。朱熹的理学虽然经朝廷提倡,但行之日久,作伪百出,社会上已经生厌了。到明武宗的时候,有一位大豪杰名叫王守仁的,在政治界立了许多功业之后,就转回头来提倡哲学。他的学说以致良知为纲领,明白直截,颇能纠正当时朱学的流弊,故信从者甚多。虽贩夫走卒也都有受其教者。同时或稍前对朱学做改革运动的,尚有陈献章、湛若水诸人,不过都没有王守仁的成就大。王氏的学说实在就是佛教禅宗的变相,其末流之弊也和禅宗一样,造出许多狂荡自欺的人来。不过在初起的时候,于洗刷人心的陷溺、唤起伟大的精神很有裨益。

陽明先生小像

王阳明肖像 〔明〕蔡世新 绘

山水画　〔明〕王守仁　绘

第十一章　东西交通之初启与民族精神之复兴

明代之传奇

　　明朝虽然有不少讲理学的人，但是一般社会和唐朝一样，依然是文采风流。加以当时明太祖封的诸王，席丰履厚，无事可为，颇多提倡风雅者，因此文学颇为发达，尤以戏剧为盛。金元的杂剧在当时已盛极一时，到元末明初这种短篇的杂剧便渐渐进化成一种较长、较有组织的形式，号为传奇。在音乐方面，也渐渐从粗豪暴力的北方音乐，进化到缠绵宛转的南方音乐，于是所谓昆剧者便出现了。明朝的昆剧传奇作家非常之多，最大的天才要算作《玉茗堂四梦》[①]的汤若士。

[①] 即《临川四梦》。传奇剧本集，明汤显祖所作《紫钗记》《还魂记》《南柯记》《邯郸记》四种传奇剧本的合称。汤显祖，号海若、若士、清远道人。

长篇小说的发达

唐朝的短篇小说,到宋朝反而退化成民间故事的形式,元朝也没有进步,不过因戏剧之普及,给小说添了许多新材料、新描写手段。到了明朝便有几部好的长篇小说出现。最著名的如《水浒传》,是明朝中年人所结集的,《西游记》是吴承恩作的,《金瓶梅》是王世贞作的[①],此外如《三国演义》大约也是明朝人的手笔。

文学批评的发达

明朝的诗词方面,都没有什么大成就,开国时代的高启就气力薄弱,不配称大家,中叶以后,前后七子力倡复古,更无精神了。但是诗文乃至小说、戏曲的批评方面,有很大的成就。诗文批评是起于宋朝,当时有许多诗话、文话之

---

① 《金瓶梅》,即《金瓶梅词话》。作者另有他说,明万历刻本序谓"兰陵笑笑生作"。

第十一章 东西交通之初启与民族精神之复兴

类,但无大成就。到了明朝就出了许多大批评家,如王世贞的批评诗文、梁伯龙的批评戏剧、李卓吾的批评思想、金圣叹的批评小说,都是有很大成就的。

浪漫派之流行

明朝的一般社会,浪漫的空气非常发达,尤以文人社会为最甚。当时的大文豪,如康海、唐寅、祝允明、徐渭,以及末年的钱谦益、侯方域等,几乎无人不有很浪漫的、新奇的生涯可述。这种浪漫活动,大多是以男女的恋爱为主,因此明朝的传奇也十有九以男女故事为材料。不过也有不以男女恋爱为目的的恋爱运动,如徐霞客之周游全国,也算是浪漫生活之一种。当时的理学大师王守仁及其门徒,也很有浪漫的倾向。

空山观瀑图 〔明〕唐寅 绘 〔清〕乾隆 题

第十一章　东西交通之初启与民族精神之复兴

罗马旧教之输入

当元世祖的时代，罗马教皇已有派遣教士来华传教的拟议，不过当时因教会本身已趋腐败，故未得成功。到新教改革以后，旧教发愤自强，组织耶稣会，注重教育及慈善事业，并向海外传道。印度、南非洲，都有他们的足迹。葡萄牙人租了澳门之后，罗马旧教便逐渐向中国谋发展。到明神宗的时候，意大利人利玛窦（Matteo Ricci）来中国，历游南北两京，所至交结士大夫，凡居中国三十年之久，就替罗马教在中国树下一个规模。以后教士纷纷来华，中国的缙绅们信奉极多，甚至明朝最后的偏安君主桂王由榔的母亲也都信教，曾有求救于罗马教皇的表文。

教会对于中国学术界的贡献

耶稣会派的传教是以教育及慈善事业做引诱的工具，

并且当时所派来的教士多是有学问的,因此给中国学术界以一种新的贡献。最大的成就是在历法,欧洲传来的历法较之中国旧法及回族的法都有奇验,因此就得了时人的信任。此外如机械学、如炮术、如地理学、如医药学,都有很多的成绩。而明末徐光启之翻译《几何原本》①,给中国数学界开一条新路,尤为很大的成绩。

中国人之南洋殖民

自元朝以来,中国人赴南洋谋生的逐渐多了。郑和使南洋②后,征服许多土著的小国,中国人留居者更多。有许多小国都被中国人自立为王以统治之。但是这时候正是欧人航海热的时候,最初东来的有葡萄牙人,其后为西班牙人及荷兰人,这些人一到南洋,便不免与中国人发生冲突。如同

---

① 徐光启和利玛窦于1607年译出《几何原本》前6卷。
② 即今东南亚。明清时期称"南洋"。元代以今南海以西(约自东经110°以西)海洋及沿海各地(远至印度及非洲东部)为"西洋",明郑和率领船队远航南海,通称"下西洋"。

第十一章　东西交通之初启与民族精神之复兴

李马奔之与西班牙人争夺菲律宾群岛、郑成功之与荷兰人争台湾，都是历史上表表的事实。可惜中国政府不知殖民的重要，不但对于海外的同胞不知保护，凡一概认为是奸民任外国人去摧残，因此中国人在海外的殖民地终久失败。不过虽然如此，究竟中国人民自动的能力强，在南洋群岛以及全世界的华侨，不但土人无法竞争，即欧人亦百计摧残终不能加以禁绝的。

第十二章 民族思想之成熟与考证学之兴

厌世浪漫复归实际

明朝是一个浪漫派鼎盛的时代，文学也浪漫，哲学也浪漫，实际社会的风尚也趋于浪漫。到了末年，这种浪漫的弊病便显出了。一般阳明弟子，日日空谈心性，鄙实际为浅薄，其甚者则贪财好色、不顾小节，引起社会的厌恶。至于文人学士，更是天天征酒看花，国家的兴败，社会的荣衰，一些也不管，这样下去，自然久而久之会起反动。何况当时内政的腐败，外患的迫切，都使一般学者不能不转回头来看看实际呢。

东林学派之兴起

毕竟是阳明的致良知之说有些提醒人的功效，因此最

第十二章　民族思想之成熟与考证学之兴

初的有关实际的运动还是起于阳明学派的支流。当明神宗末年，信任宵小，不理政事，国事已败坏不堪，到了熹宗即位，宦官魏忠贤柄政，更是作恶多端。有退职尚书顾宪成、邹元标等聚徒讲学于江苏无锡的东林书院，批评时政，臧否人物，声名大起。为魏忠贤所嫉，凡是与他反对的人，都指为东林党徒，加以贬斥或诛戮，但是民间的运动还不少息。到魏忠贤失败后，东林的势力更加膨胀，有左右时局的力量。其后有张溥等组织复社，也是网罗一时豪杰，言论影响于时局不少。

实践哲学的发端

东林、复社两派的长处在敢说敢行、气节昭然，但是短处则欠条理，不了解实际的真相，结果徒尚意气，无补于实际。况到明朝末年，时事已经败坏到绝顶了，这般书生们是没有力量挽救这个残局的。于是在阳明学派中便发生了更进一步的实践哲学的刘宗周一派，不过他的学说在当时也未成熟，仍难免空谈心性忽略现实政治的毛病，因此仍无补于时局。不过就此可以证明阳明哲学派已到末流，本派中也起了改革运动了。

流寇之祸与社会的扰乱

明朝中年以后，好皇帝很少，除了明孝宗，几乎每朝都是信任许多小人，恣意败坏政治。所以到世宗以后，社会已经有摇动的现象，盗贼已经纷起。加以倭寇蹂躏东南沿海诸省，更弄得民穷财尽，幸而穆宗及神宗初年，有一个大政治家张居正出来，将政纲整饬了一下，元气稍稍恢复，然因此中朝臣及一般苟安派的士大夫之忌，死后竟遭追罪，神宗在位四十多年，昏聩糊涂，万事废弛。加以为朝鲜问题与日本的战争，以及后来满洲兴起以后在辽东的战争，花费无数金钱，社会基础就完全动摇。到了熹宗末年便流寇四起，毅宗一代更是个土匪纵横的时代。结果李自成打破北京，连明朝也亡了。流寇之中如张献忠竟专以杀人为事，在湖广、四川等处，屠人无数，真是一种无理性的时代。

第十二章 民族思想之成熟与考证学之兴

种族之痛

社会上这样的扰乱现象,已经使有志气的读书人不能安枕了,不料因为流寇之祸跟着又引起了外族的侵入,演成亡国的惨剧。满洲入关之后,对于汉人百般的压迫,结果激起了汉人的民族思想。自北京陷落以后,有许多怀抱种族思想的学者,奉了明室诸王,在东南和西南半壁,对于满洲人做最后的挣扎,一直还此起彼伏支持了十七八年。这都是民族思想复活之赐。

学者的觉悟

明朝的国家结果弄到这种地步,给一般学者以一种大的刺激,大家才感觉到以前的学问实在太空虚了,因此大家都不知不觉转移到实际运动去。表现这种精神最显著的莫如顾绛,他自从明亡以后,就出门周游全国,所到的地方交结奇异之士。他很会理财,到一个地方住上一年半载,就置下许多产业，但是他把产业置好后，交给别人，就立刻又他去了。他走路的时候都用马驮了许多书，每到一险要关塞的地方，就将书摊开，找当地的熟悉地形和兵事的人来共同讨论。这种精神，真是觉悟后的学者的精神。

实践学派的兴起

明亡以后，一般学者最初多有做政治运动图谋反抗满洲恢复明室的，但是这企图结果都归失败，于是又纷纷都归到讲学这条路上去。这时候讲学的风气，便是都力矫从前王学末流虚浮无实之弊，而趋重于实际方面。譬如，王学本是尚空谈的，到刘宗周出来便主张实际，宗周的弟子黄宗羲便脱去王学的门户专私史学，开浙东一派。他的《明夷待访录》鼓吹民主思想，比卢梭还早几十年。此外顾绛、李颙等虽学风不同，而主张实际则一。主张实际最彻底的要算颜元、李塨一派，可惜他们的学风太刻苦，不容易普及，所以不再传而绝。

第十二章　民族思想之成熟与考证学之兴

民族思想与下层社会的宗教之关系

学者们和明朝遗老们的恢复计划，屡起屡仆，直到清圣祖即位以后，内治修明，国内实行统一，这种运动一时不易成功，于是有些志士们便注意到下层工作，准备将民众组织起来，以为将来恢复的预备。有许多秘密宗教会帮都是此时代所创立的。在中国一般民众中，这种组织的力量很大，后来清朝之亡与此也有关系。

清圣祖的内治

满洲初入关之时，政治很混乱，又极端对汉人取压迫手段，因此它在中国本部的地位并不十分稳固。幸而清圣祖出来，用他的适当的政治手腕，将这个难关渡过。他是一个博学多才而又实心做事的人，很了解民众和当时一班智识阶级的意思，因此对于民众极力地减轻租税，澄清吏治，使人民生活得以安定。对于学者则开博学宏词科，编辑各种巨部丛书，奖励学术和文化事业。他在位的六十年，除了开头二十年中尚有后三藩之乱及对外的战事等，以后真是个太平郅治的时代。

外蒙古之收服

蒙古人自元朝亡后，仍然退回蒙古故地，当明朝一代分为鞑靼及卫拉特两部，屡次侵犯明疆，但都未成功。到明末分为四部，在外蒙古的叫作喀尔喀蒙古，在内蒙古的叫作漠南蒙古，在东蒙古的叫作科尔沁蒙古，在新疆天山北路及青海的叫作厄鲁特蒙古。科尔沁蒙古在满洲初兴之时已经附和了满人。漠南蒙古在明末有插汉部（今察哈尔特区[①]）很强，其首领林丹汗与清太宗争衡，后为清兵所破，内蒙古就也归了清朝。唯喀尔喀和厄鲁特尚在独立。到清圣祖时，厄鲁特蒙古中有准噶尔部突兴，他的首领噶尔丹征服了天山南北路和青海、西藏，且进图喀尔喀，并窥伺中国的边境。清

---
① 旧省名。在中国北部。1914年设察哈尔特别区，1928年改设省，1952年撤销。

第十二章　民族思想之成熟与考证学之兴

圣祖亲自出征将准噶尔打败，准噶尔遂降服于清。内、外蒙古从此归入中国领土了。

新疆、青海的开拓

厄鲁特蒙古在清初分为四部，准噶尔部占领天山北路最为强大，和硕特部在青海也很强。此外天山南路则为由中亚喀什噶尔国传来的伊斯兰教徒占据，号称"回部"。准噶尔部败后尚据有天山北路，传了三世，到高宗时因内乱被清兵所灭，又乘机灭了回部。青海则于世宗时已征服。从此西北也加入中国版图了。

西藏的喇嘛教

喇嘛教自元朝以后，得了中国政府的赞助，便有统治西藏的威权了。到明成祖时，有宗喀巴者起而改革旧教，自立一派,号黄衣喇嘛,以别于旧有之红衣喇嘛。宗喀巴有两个大弟子,后来分主前后藏,一号达赖,一号班禅。代代以轮回化身之说接替。后来外蒙古也迎了一个宗喀巴的弟子去,号称"活佛"。喇嘛教的势力可称极盛。西藏一向是独立国,到清高宗时才收归中国版图,派驻藏大臣以统治之,但是实际上仍然尊达赖喇嘛为政治首领。

中俄之势力

当十七世纪满洲人兴起的时候,俄国也从欧洲伸展势力到亚洲,吞灭了中央亚细亚诸蒙古民族和伊斯兰教人所建的小国,又占据了西伯利亚,东南下窥黑龙江,遂与清政府发生了冲突。一六八九年两国定《中俄尼布楚条约》,才划定东北的边界。一七二七年更定《恰克图条约》,将蒙古与西伯利亚的边界划清。从此中俄互通贸易,且俄国有留学生到北京留学。

第十二章 民族思想之成熟与考证学之兴

清初的欧洲人

明朝末年欧洲人在华传教通商的事业已经很盛了,清圣祖是个博学兼通的英主,对于西洋的学问颇加欢迎,除了历法,如同全国的测绘地图,也是此时在华欧人的成绩。到世宗时代才取闭关主义,将欧人尽驱出境。以后一直到鸦片战争才开放。

日本与中国

日本自隋、唐间吸收中国文化,造成大化的维新。唐朝亡后,中日交通断绝。以后日本的政权归入武人之手,内乱不绝。元初蒙古人曾兴师东征,因为不习水战,结果败没。明朝中叶虽有倭寇侵略中国,但与日本政府无关。到明神宗时代,丰臣秀吉统一了日本,国势才渐强起来了。丰臣氏屡次出兵与明朝争朝鲜,声势很大。秀吉死后,德川家康代兴。恰好这时明朝也亡了,遗民朱舜水避到日本,极受德川氏的崇拜。他将阳明学派传到日本，鼓吹尊王思想，后来日本维新很受他的影响。德川氏采闭关政策，修明内治，以后二百多年，国内太平，文化很盛，学者也辈出。

考据学之勃兴

明末清初，厌空谈求实际的学风既然流行，当时的学者就不期然而然地走了以下的几条路。最初学者都是投身到实际政治运动，到政治运动失败后，有的从事下层社会的秘密组织，有的遁迹空门，有的远避海外，有的高隐家中，不问世事，这是一条路。内中如颜元、李塨一派，主张留心实际学问，从躬体力行做起，又是一条路。这两条路都没有什么成绩，结果遂开出考据学一条新路。考据学的始祖是顾绛，他著有《日知录》及《音学五书》等书，颇极精博。但他著书的意思本来是为的考究古代政治和社会制度的组织，以备将来政治的设施，并不是纯粹做考据的功夫。但到了他死以后，清朝的局面已经大定，汉人无法恢复，也就少有人想去做政治的运动了。于是为学问而学问的考据学才出现，有清三百年来的正统学问才成立。

考据学之鼎盛

顾绛以后，有两个最著名的考据学家，一个是阎若璩，他著有《古文尚书疏证》一书，证明《古文尚书》之伪。另一个是胡渭，著《禹贡锥指》一书，证明《禹贡》之谬误，这两部书对于当时传统的宋朱熹之学颇有打击。到了高宗时代，考据学越发盛行了，就中有两大派，一是吴派，以惠栋为领袖；二是皖派，以戴震为领袖。当时考据之风已经遍满学界，因为他们排斥宋明儒者的空谈而尊重汉儒以为近古，因此普通叫他们作汉学。最奇怪的是汉学已经成为学术界公认的权威，而当时朝廷科举考试仍一以朱注为主，丝毫不曾改变。

史学的成绩

清朝史学以浙东一派最盛,最初黄宗羲自政治运动失败后即专门研究史学,他著的《明儒学案》是一部创作的学术史。他的弟子万斯同对于明史极有研究,现在的《明史》就是根据他的指导编成的。再后有全祖望,以研究明末史料著名。又后有章实斋著《文史通义》《校雠通义》等书,对于史学批评确有见解。此外非浙东人的如大名崔述的《考信录》,将上古的伪史一一加以考证,也算奇书。

数学的成绩

自欧人来华以后,中国的数学界很受了些影响。徐光启译《几何原本》,开辟了几何学一条新路。到清圣祖时代,因为圣祖自身很喜欢数学,对此颇有研究,编辑了《数理精蕴》一书,给此后数学界开了无限法门。以后的第一个数学大师要算梅文鼎。此外清朝的数学界很多,详见阮元所著的

《畴人传》。

清初的文学

清朝的文学也很有些人物，诗人在清初则有吴伟业、王士禛，到高宗时代有袁枚、蒋士铨、赵翼号三大家。但吴诗靡曼，王诗脆弱，袁、蒋、赵三家更是臭俗不堪，旧诗到此已至末流了。词则尚有好手，最好的要算纳兰容若的《饮水词》，他是一个满洲人，却是汉化很深。戏曲则有李渔和蒋士铨等，但也都没气魄，只有孔尚任的《桃花扇》是一部杰作，洪昇的《长生殿》虽然也很得人称赞，但已经有堆垛典故的毛病了。小说中以曹雪芹的《红楼梦》为中国第一部好小说，此外如吴敬梓的《儒林外史》、李汝珍的《镜花缘》，就都是第二流了。此外作散文的有安徽桐城的方苞、刘大櫆、姚鼐等自成一派号桐城派，末流又分出阳湖一派。这些古文家在学术上大都是提倡宋学，但并不能胜过当时的汉学。清朝的骈文也很流行，但大都摹古，并无特创。

清代的书画

清代名画家也很多,以王翚最著名,号石谷道人,他的山水画在清朝一代势力极大。与他同时的恽格,则以画花鸟著名。平心而论,清代的画家实在没有什么超胜前代的天才。书法在清朝也很流行,最大的名手要算仁宗朝的邓石如,他的字集众家之长而又能开创新派,气象最为伟大。

清代的戏剧

清代的音乐没有什么大成就,但昆剧非常发达。当时的王公大臣,乃至平民中之稍有钱者,都喜欢提倡昆剧,家里养着戏班子,造出许多戏剧人才,比明朝还要盛行。

红楼梦画册　坐龙舟游玩大观园　〔清〕孙温　绘

秋山行旅图 〔清〕王翚 绘

第十二章 民族思想之成熟与考证学之兴

极盛时代的社会风俗

清朝自圣祖起经过世宗而至高宗，祖孙三代传世一百三十多年，是清朝极盛的时代。清圣祖时代政治修明，人民生计经过六十年的休养，已经非常充裕。再加以世宗在位十三年的励精图治，所以到高宗时代，社会景象非常之富丽，高宗是个豪侈成性的人，他六下江南，靡费无数。当时江苏扬州为盐商荟萃之地，产生许多大富豪，他们的穷奢极欲比皇帝还过几分。高宗又努力于对外的武力，结果军费也花得不少。末年宠信了一个权相和珅，招权纳贿，天下元气更被剥削得干干净净。加以自世宗以来励行压迫思想的手段，屡兴文字之狱，结果将士人都弄成阘茸卑污一流。因此高宗末年，湖南的苗乱刚平，川楚的白莲教匪就起来，到了仁宗以后，内忧外患，交逼而来，就不是以前那种升平时候了。

第十三章
海通以后的文化转变期

嘉、道以后的内忧外患

清朝的国势到高宗为极盛,但国事之败坏也全伏于这个时代。所以到仁宗即位,高宗尚未死,乱事便已发作了。仁宗朝则有川楚的白莲教匪之乱,有闽粤等海寇之乱,有北方的天理教之乱,宣宗朝初则有回部之乱,最后则有洪、杨等太平天国之乱。所有这些内乱都由于政治腐败、官吏剥削而成。幸而仁宗和宣宗都还是个谨慎节俭的君主,所以尚可保得几分元气。但是在这个内忧遍地的时候,不幸又遇到了外交上空前的大变局,自鸦片战争以后,一败再败,无法抵御,则不能不令当时的人手忙脚乱呢!

第十三章　海通以后的文化转变期

五口通商

鸦片战争的结果便是缔结《南京条约》，开放上海等五个口岸让外国人来通商。这个事件影响极大。第一，从此外人在华有了正式的贸易根据地，并得了传教的自由，从此经济侵略与文化侵略并进，中国就无以抵抗。第二，通商口岸开后，所有欧洲的新思想、新文化都从此地输入，为以后中国文化转变之策源地。且以后许多做政治改革运动的人也都以上海租界做逋逃薮，影响于政治也很大。第三，从此中国交通及商业的中心，移于海上，而陆地便渐渐减色了。

太平军的革命运动

在这清朝内忧外患相逼而来的时候，突然起来一种新的改革运动，虽然结果终于失败，但终是历史上一件可记载的事，这便是太平天国军的革命运动。太平军起自广西，本不过是些土寇鼠窃之类，但因其中有一部分人受了明末遗老的影响，怀抱民族思想，想推倒满洲人的统治，又一部分人则受基督教和西洋人的影响，对于中国社会旧习想有所改革。因此自打到长江流域，定都南京以后，就有许多特殊的政策制定出来，如尊奉上帝、易服色、蓄发、改历之类。太平天国之所以失败也在于此。因为他们想拿政治革命、社会革命、种族革命和思想革命混在一起来做，而自身又无充分的学识、一致的计划、牺牲团结的精神去维持它，当然非失败不可了。

湘军的成功

打倒太平军的并不是清朝政府，而是曾国藩、胡林翼一班湖南的书生，这是人所共知的。他们战胜太平军的原因，固然由于他们个人的学问、人格较好，其实最大的原因还在他们的主张较合于当时国民的心理。他们并不是绝对维持旧习惯的，但他们是渐进的革新派，而不是激进的革新派，湘军之战胜太平军，便是当时的渐进派思想战胜了激进派思想。

第十三章 海通以后的文化转变期

宋学的复兴

过重考据的汉学,到了乾、嘉以后便露出许多的缺点,他们只晓得从字句上争论些琐细的问题,而不晓得政治和社会上有许多大问题还待解决。而且因为他们反对宋儒义理之学,结果有些人连人格气节都不讲,做出许多卑污苟且的事来。因此汉学在社会上渐渐失了原来的地位。到湘军曾[1]、罗[2]一派人出来,打着宋学的旗子,以人格气节相号召,结果做出许多惊天动地的大事业来,因此宋学在太平天国乱后,便陡然有复兴的样子。不过时代已经不是从前的时代,不但支离破碎的汉学不能救了这个时代,而且并非空疏迂腐的宋学所能救得了的。因此曾国藩中兴宋学的事业也只撑持得一时,结果只剩下几个桐城派的古文家去肩那具老招牌,于世道人心是一无所补的了。

---

[1] 指曾国藩。
[2] 指罗泽南。

今文派汉学之改革运动

在这时候,汉学自身也起了一番改革运动,这便是今文家的新汉学了。今文家最初不满意于古文家之崇拜东汉,因此就拿出西汉的更老招牌来打倒他。但实际上渐渐做了革新运动的臂助。他们将孔子的学说内容扩大,附会了许多神奇怪诞的胡说,却也加入了许多新奇有理的思想。就学问的见地看,今文家的主观见解太深,还不如古文家较为平实。但就革新运动看,很有大影响。今文家自龚自珍、魏源以来,即以经世致用为目的。后来国事日非,他们的目标也越趋于实际。直到康有为出来,集了今文家汉学的大成,却也为革新运动做了一番大事业,这是今文家的成绩。

留学政策之起

无论汉学、宋学,今文、古文,都救不了当时的国家险状,这种情形自太平乱后,有识者便渐渐明白了。所以曾国藩在乱平之后，便采用了容闳的建议，派遣第一批的留学生到欧美留学，也设制造局于上海，聘请专家译出许多西文书籍来，影响于当时的思想实在很大。

富国强兵的思想

当时中国人初与西方人接触，对于西方文明尚未能认识真相，一般只以为西洋人之强是由于枪精炮利，不但思想和政法的精义未曾梦见，即对于发展物质文明之机械工业也未能认识。当时只有一个薛福成曾提倡机器之学，但不为社会所注意。一般腐儒和细民还在高唱排外制夷的思想哩。

教案与排外运动

因为几次与西洋人接触而失败的结果，引起了人民的排外的敌忾心，当时西人与中国人接触机会最多的要算传教士，基督教有许多习惯如不拜祖先之类本与中国旧习不同，因此更容易引起误会。于是社会上凭空流行许多谣言，如谓西洋人宰杀小儿以配药之类，无知的人民一听此说，就容易引起暴动，所以清穆宗、德宗两朝教案迭出，都是这种缘故。不过教案的结果总是中国人吃亏，其甚者如胶州湾及广州湾之租借，也是因为杀伤了德、法教士。

清流党之势力

当清朝末年，不但普通人民之中有一种不知厉害盲目排外的潮流，即所谓士大夫社会之中，也一样的有这种大言欺世的现象，这般人在当时号为清流党人，他们根本不懂外交，却又常常要干预外交，对于当时办理外交较有经验的李鸿章等常常盲目地加以攻击。结果误国之罪，不在贪官污吏之下。

第十三章　海通以后的文化转变期

中日战争后国民之觉醒

这种举国上下自大排外的心理，促成了中日战争的爆发。中日战争后，各国乘机要求租借口岸，划分势力范围，中国危亡就在旦夕，于是有一部分明白大势的人才渐渐觉醒。看了日本区区岛国，竟能发愤自强，都是因为学习了欧美法制，变法维新的运动就渐渐兴起了。

戊戌变法之失败

这时候有康有为、梁启超一派，在上海办《时务报》，在长沙办时务学堂，极力鼓吹维新思想，他们都是讲今文学的人，所以也很得旧学家的信仰，于是有新科举人们的公车上书运动。后来在北京又组织保国会，各省也都组织起同样的团体，维新运动一天一天声势大起来。结果德宗也为此潮流所鼓动，就起用了康、梁一派的人，力行变法，废科举，改学校，澄清吏治，整饬军备。不幸改革过急，触了守旧派的忌，就拥出德宗的母亲慈禧太后来，将新党或捕杀、或囚禁，康、梁逃至国外，德宗也遭禁锢，维新事业就此失败了。

反动之失败与维新之再起

但是时势所迫，维新的思想已经深入有志青年的脑中，万不能用威力扑灭尽的。当戊戌变法失败之后，太后和朝臣因恨维新党人，就迁怒到外国人身上，遂煽动起民间排外的心理，组织一种含有迷信性质的秘密结社，名叫义和团，在山东、直隶、山西一带，到处焚烧教堂、杀掠教民，最后奉旨去围攻北京使馆，引起外人的联合干涉。八国联军打破了北京，清朝帝、后逃至西安，缔结了最辱国丧权的《辛丑和约》[①]，排外运动到此才告一段落。到帝、后回京以后，也就不得不顺从正当的民意，下诏变法维新，再走戊戌的旧路了。

[①] 即《辛丑条约》。又称《辛丑议定书》《辛丑各国和约》。

第十三章　海通以后的文化转变期

辛丑以后政府的维新运动

自此以后，变法维新已成公认的潮流，无人敢反对了。清政府的维新政策最有效果的要算停科举、办学校一事，此外如放足、禁烟等事也切实进行，最后应人民之要求，派五大臣出洋考察宪政，下预备立宪之诏。又张之洞在湖北首创练新军，开办工厂，袁世凯在直隶也练了北洋新军，这些都是当时政府的变法成绩。

留学日本的潮流

不过当时维新的主动力还在民间，因为政府的变法是敷衍门面的、不彻底的，所以有志之士都想起来自行求得新智识，因此留学的风气便大兴起来。当时日本因为同文同种的关系，地方又比较近，生活又比较贱，加以国体相同，国情也相似，因此多数的青年就都往日本去留学。极盛的时代，东京有数万中国留学生，这数万留学生一聚到东京，就替中国造出许多惊天动地的风云来。

立宪派之运动

这时候政治的运动也分了派别了，康、梁自变法失败以后，康有为就去漫游欧美，联络华侨，梁启超则住到日本横滨，创办《新民丛报》，起初尚主张革命之说，后来康的思想愈趋于保守，加以东京激烈派渐渐得势起来，因此梁的议论也渐趋于稳健。他们一派主张保皇立宪，在各处组织保皇会，与国内立宪派相呼应，而与当时主张革命排满的一派相反对，论争很烈。

同盟会的排满革命

排满思想，本来起源很久，到后来便成为具体的革命运动。最初有孙文者在檀香山组织兴中会，与陆皓东等图谋在广州起事，失败后陆死孙逃，遂到处宣传革命思想。又有黄兴等一派湖南人，在湖南联络会党，组织华兴会。章炳麟一派的江浙文人也组织光复会。这三派先后受压迫都跑到日本，遂联合起来组织同盟会，声势骤然浩大起来。他们办了一种《民报》，专门与梁启超的《新民丛报》宣战。立宪派终久失败，而革命思想渐渐传布起来。

民族思想之复活

革命派人所用的最有力的宣传工具是什么呢？就是基于满汉不平界限之民族心理。因此他们极力鼓吹明末遗老的民族思想，明末思想研究之工具忽然复活起来。到处假借研究国学之名来传布民族思想，加以实际运动之前仆后起，影响于人民之倾向革命心理不少。

翻译事业之发达

在国外这种革命、立宪两派人努力奋斗的时候，国内的一部分人也在那里努力地做他们的平和工作，这便是翻译和出版的事业了。如这种事业中最著名的有两个人，一个是严复，他翻译《天演论》等英国进化论派的名著，博得了无上的好誉。另一个是林纾，他翻译了许多的欧美小说，给中国人了解西洋人的生活真相，对于思想改革都很有功绩。此外有些日本留学生也从日文中译出许多政治之书，又在各省发行许多日报杂志，对于文化介绍也很有帮助。

清朝终于亡了

国内的立宪派尚想做最后的努力，当德宗和慈禧太后都去世以后，立起一个三岁的小皇帝宣统来，他父亲醇亲王摄政，立宪派以为改革的机会到了，就起来以各省谘议局做基础，派遣代表联合请愿，缩短预备立宪年龄，提早开国会。

第十三章　海通以后的文化转变期

不料当时清廷亲贵昏聩糊涂，不知容纳民众潮流，竟致拒绝，于是民心失望，虽立宪派也知非革命不可了。此时清朝练的新军已经很多，这新军将领多半是用日本的留学生，而日本留学生又是多数怀抱革命思想的，因此乘着四川为国有铁路请愿风潮的机会，霹雳一声，武昌起义，各省响应，不到百日，清朝就终于亡了。这就是文化运动与思想革命的真力量的表现。

第十四章

民国十七年来的中国文化运动鸟瞰

政治热之时代

辛亥革命成功，民国政府成立，大家的眼光、心思都注重在政治问题上去了，一时论宪法、论政治，很有许多好著作。大家都希望民主政治能够真正建设成功，这是一个政治热绝顶的时代。不幸时局现象一天不如一天所期，因此从绝顶的政治热渐渐冷淡下去，造成了民国三四年的黑暗时代。

革命中对于社会之改革

辛亥的革命虽是单纯的政治革命，然对于社会习惯也有所改革。如剪辫，如废止太阴历改用太阳历，如废除不平等阶级等，都是显著的事实。此外如禁烟、放足、废止婢妾等，也曾注意过，但实际上未去积极进行罢了。

黑暗复古时代

民国三年袁世凯解散国会、改造临时约法之后大权独揽，极力压迫反对党，造成了政治上的黑暗时代。同时思想上也到了复古的时期。袁氏起用一班老朽分子，定出许多仿古的礼仪来，颁布全国。这种复古运动的极端，便造成袁氏之帝制运动。

社会运动与政治运动两派之辩难

这时候有智识的人都感觉到不能安于现状，想别求一条出路，为这个问题，便生了两种意见，梁启超一派主张政治无望，应该从改良社会根本做起，他在《大中华杂志》上发挥这个意见很多。他的意见很得一班人的赞同，当时江苏省教育会一派人在江苏进行的改良教育运动,便是实行他的主张的。但是章士钊在东京办《甲寅》杂志,便反对他的主张,仍主张先解决政治问题。孙文在东京组织中华革命党,也算是与这种态度一致。后来陈独秀等办《新青年》杂志,原是属于章氏一派,竟不知不觉走到梁氏的路上,在文化运动上建设了许多的功绩。

《新青年》与新文化运动

民国六年,袁氏帝制运动既然失败,国会恢复,政治仍然闹得一团糟,于是人民越发厌倦政治,而专注意到思想精神的根本问题上。那时《甲寅》已经停刊,章士钊的朋友陈独秀就出来组织《新青年》杂志,鼓吹青年思想的复活。初时尚无大影响。

第十四章 民国十七年来的中国文化运动鸟瞰

胡适与白话文运动

直到胡适出来主张白话文运动，才有了大影响。原来桐城派古文到清末已经为人厌倦了，有些学者如王闿运、严复、章炳麟之流，极力作些周秦以上的古文，虽然很像，但不能通俗。那时梁启超在日本办报，乃极力解放文体，掺用白话及日本名词，一时极有魔力。到民国以后，章士钊一派的矜炼论理文颇流行于学者社会，但也不能通俗。于是胡适出来主张一概改用白话，反对文言。钱玄同更骂文言为桐城谬种、选学妖孽。他们的主张一时很引起古文家如林纾等的反对。但白话终久战胜了。

白话诗的成立

胡适不但主张白话文，连作诗也主张用白话，并且打破旧日的格律。原来诗自宋变为词、元变为散曲以后，已逐渐近于白话及语体的自然了，明、清以来的山歌村调更是天籁。胡氏的主张也不过顺这个趋势而已。胡氏自著有《尝试集》，是白话诗——当时又叫新诗——的第一部创作，但尚未成功。到康白情、俞平伯等出来，新诗就渐渐成熟了。

反孔运动

但是《新青年》的最大功效还不在鼓吹新文学，而在反对孔家学说。陈独秀在这一方面做的工作颇多，他将孔子的学说倾向专制不合于现代潮流之弊指出，一面主张用民主思想去代替它，对于当时思想界的影响也很大。

注音字母之颁布

当时更有一个利器帮助白话文的进行的，便是注音字母的造成。原来中国文字不适于记诵应用已经是很显著的事

第十四章　民国十七年来的中国文化运动鸟瞰

实,所以清朝末年就有好几种简字运动出现,不过都未成功。到民国以后,遂由教育部设立读音统一研究会,制定三十九个注音字母,对于不识字的人很有帮助。后来又规定小学校国文改用语体,这个改革虽然是很和平的,但是影响一度比政治革命还大。

五四运动

《新青年》的主张,已经很得国人的注意了,恰好到民国八年五月四日又起来一次学生运动,这次运动是为争巴黎和会中对于山东问题的袒护日本事件而起。当时北京各校学生联合起来将亲日派外交家曹汝霖的住宅捣毁,跟着全城就罢课,跟着全国响应,学生罢课,商人罢市,到六月三日又有教职员请愿被殴的事发生。这两次运动影响极大,在外交上则巴黎和会中国代表因此拒绝签字,后来终久于华盛顿会议将山东权利收回。在思想上则五四运动以后,全国青年精神奋发,一年之内出版几百种的刊物,新文化运动经此一番刺激,就普遍全国了。

翻译的潮流

五四以后，全国青年渴望着思想上的救济，求知欲一时极高，因此翻译的潮流就极盛起来。张东荪翻译的法国哲学家柏格荪[①]的《创化论》出版之后立即销完，可见青年求知欲之盛。以后各书店也投机大出版新文化的书籍，以共学社丛书为最多。但选择不精，翻译也潦草，因此渐失人的信仰。

整理国故的潮流

因为当时新文化运动的健将如胡适、梁启超等，都是长于国故的，因此后来整理国故之风很盛，清朝的考据学又有人注意起来。胡氏的《水浒传考证》《红楼梦考证》等，很

---

① 即亨利·柏格森，生命哲学与直觉主义主要代表之一，创造进化论的提出者。著有《论意识的直接材料》(英译本改名为《时间与自由意志》)、《物质与记忆》、《形而上学导论》、《创造的进化》等。1927年获诺贝尔文学奖。

第十四章　民国十七年来的中国文化运动鸟瞰

博得人的赞许。此风后来变为疑古和攻击古代思想的一派，于思想运动也很有大影响。

科学与反科学之争

《新青年》极盛时代，曾标举科学与民治两大主张，不幸后来都没有贯彻。新文化运动中偏重文学，对科学似注意较少。到梁启超游历欧洲归来，发为科学文明破产的议论。又有人请著名反对科学的印度诗人泰哥尔[①]来中国。北大讲师梁漱溟著《东西文化及其哲学》，又极力鼓吹东方思想，因此反科学的潮流很盛。但同时拥护科学的仍然很多，最后丁文江与张君劢起了科学与玄学的笔战，这个问题一时颇引人注意。但其实中国应该提倡科学和物质文明，虽在反科学的人也无法反对，因此这个问题，并不是什么切要争论的问题。

[①] 即泰戈尔。印度作家、诗人、社会活动家。著有长篇小说《小沙子》《沉船》《戈拉》，剧本《摩吉多塔拉》《邮局》《红夹竹桃》，诗集《吉檀迦利》《新月集》《园丁集》《飞鸟集》等。1913年获诺贝尔文学奖。

社会主义的运动

中国的社会主义运动自民国初年即略有根芽，民国元年江亢虎组织社会党，后为袁政府解散。民国五六年间有刘师复一派提倡无政府主义，但也未能大兴。五四运动以后适值欧战告终，欧美一部分学者方倡世界大同之说，又加以苏俄革命成功，因此社会主义的研究就盛行起来。以基尔特社会主义、无政府主义及布尔什维克三派最盛。后来布派因有苏俄政府为后援，渐渐扩大势力，于一九二一年组成中国共产党，从事工人运动，遂渐为社会所注意。

民治主义的潮流

中国近二十年留美学生极多，故政治思想无形受美国之感化，多数趋向民治主义。欧战以后威尔逊之主张流行，故中国的民治运动潮流更盛。《新青年》以拥护德谟克拉西[①]（民治主义）为标志，五四以后又请美国哲学家杜威来华讲演民治主义的教育，故民国八九年间政治及教育上民治主义之色彩皆极浓厚。不过民治主义者多偏重于渐进改良，不能迎合青年急进的心理，因此渐渐失势。

政党运动的复活

民国初成立，国民竞模仿欧美政治，故一时政党极多，其后国会解散，政党也就匿迹。民六国会恢复后，一时曾有不党之说，但实际上仍然小党林立，比从前更多。不过这些政党都是以议员结合的，并无民众的后援，故国会二次解散后，政党就又瓦解了。到民国十二年前后，政治腐败更到极点，人心遂又注意于政治。旧日的国民党曾一度由孙文领袖，改组为中华革命党，恢复秘密结社的形式，至是又恢复国民党的名义，并于十三年改组，容纳共产党进去，改良组

[①] 英语democracy的音译，即"民主"。源自古希腊语demokratia，由demo's（人民）和kratos（权力、统治）合成。

织，从事民众运动。又有国家主义青年团也于民国十二年在巴黎成立，以国家主义为号召。从此三民主义、共产主义、国家主义，成为国内政治运动的三大潮流。

人民自卫的组织

因为军阀官僚的剥削人民，因此激起人民的自卫运动。四川、湖南等处民团组织，甚为完备，广东也有民团及商团，但势力较弱。河南、山东一带则有红枪会，直隶有天门会，皖北有大刀会，陕西有硬肚会，这些都是迷信式的民众组织。最初原本全是为自卫而设，其后势力扩大，分子难免复杂，就有类似土匪的行径，但大体上仍是正当的运动。

国家观念之发达

中国向来是大一统之国，故人民多怀世界大同之思想，

第十四章　民国十七年来的中国文化运动鸟瞰

国家观念素不发达。及鸦片战争以后外患日深，才激起人民国家的观念，一时政治教育都向此方面走。及欧战以后，震于世界和平之潮流，于是大同思想又复活。及社会主义盛行以后，国际主义的思想也更流行起来。不过最近几年，屡受外患的刺激，始有民国十四年的五卅英人在上海惨杀中国人的案子，继又有民国十七年的五月三日日本人在济南屠杀中国人的案子，两次大刺激，遂促成中国人的觉悟，又回到国家本位的路上去。十年五月南京召集全国教育会议，通过军事教育等重要议案，可见一时的趋向了。

第十五章

今后中国文化上之诸问题

研究文化史的目的

我们研究一切历史，目的不仅在记忆史事而已，最大的希望在鉴往以知来，从过去历史的痕迹上归纳出一条现在及以后应遵循的轨道，我们现在研究中国文化史，自然也就是本这个目的，因此对于今后中国文化上的诸问题就不能不加以研究，以为读完已往中国文化演进情形后的一种参考。

政治理想的问题

第一个劈头应该提出来的问题，便是今后中国政治理想的问题。原来二千年来中国人习惯于君主专制政治，若以率由旧章而言，似乎君主专制较好，但事实上世变所趋，君主专制已不能成立，即君主立宪之主张也已成过去，自中华民国出现后,大家已公认民主政治为最圆满之理想。但最近数年中又有人认民主政治为资产阶级之政治,主张以无产阶级专政代替之者。究竟两种政治理想,孰好孰坏,是一个待决的问题。

集权乎分权乎

集权、分权为政治上向来对抗之一种争论,但判断此说须以其国情为标准。中国地大民众,政权向来分散,地方政府之权力恒超过于中央,此为研究文化史者所已知。今后政治设施是否循此轨道,付与地方以大权,使联省以建国,抑力反此轨道,谋巩固中央政府权力,以武力谋统一。这也是一个待决的问题。

生产与分配

中国今日应先注重开发生产抑先注重平均分配，也为一待决的问题。因若注重生产则势不能不奖励资本家，结果易酿起阶级之不平均；若先注重分配问题，则中国尚无财产，以何物为分配。再资本极端分散之结果是否能抵抗外国资本集中之侵略，也是一问题。

国有与民有

于是有为调剂之说者，主张以国家资本代替私人资本，将大工业俱收归国有，如此对外既易竞争，对内又可免分配不均之祸，此法固然较好，但在数千年官僚政治下之中国人民，是否能实行国有而毫无弊端，也是一问题。反之资本不集于国家而仍分散于民间，则非为私人所吸收，即因极端平均分配之结果，资本过于分散，不能对外竞争。

第十五章　今后中国文化上之诸问题

农国与工国

二十世纪世界各国俱已进于工业制度之国家，中国也应向此方面进行，本无问题，但因近来有人以为中国是农业国，应该极力维持这种美德，免为工业制度所恶化，究竟此说是否，也是一问题。

中国民族的问题

民族为文化主要之元素，民族若衰老，文化即有日趋颓败之现象。中国民族在今日是否已经衰老，也是亟待解决的问题。因为假使已经衰老，则将用何法补救，抑竟无法补救？如尚未衰老，则今日衰乱之原因安在，也不可不求得之而加以施治。

腐化如何清理

为中国民族进取之大患者非他，即数千年专制政体下养成之官僚腐化习惯耳。此种习惯表面上似无大力，实在消极的腐化政治及社会之力极大，如何澄清这种微菌，也为一重大问题。

社会组织之变更

中国数千年来社会组织之基础建设于家族制度之上，故一切伦理教条都以此为根据；今日是否将此旧制度根本打破，是为一问题。打破之后将代以何种新制度？将为资本主义下之个人本位的制度，抑为社会主义及国家主义下之团体本位的制度，也是一切要的问题。

第十五章　今后中国文化上之诸问题

旧文化如何处置

中国有五千年之旧文化，此旧文化在今日应如何处置，也是一重大的问题。全部保存固已不可能，但是否局部的加以改良，抑或全部的加以毁弃？事实上能否全部毁弃固犹是问题。假如不能全部加以毁弃，则将如何留其优点而去其劣点，以免再发酵于未来新社会。

接受西洋文化之问题

今人动言应以西洋文化代替中国旧文化，此语在大体上固无问题，但所谓西洋文化者究竟何指？将指过去之希腊、罗马、希伯来之旧西洋文化乎，抑指现行之资本主义下之西洋文化乎？抑指尚在虚无缥缈间之社会主义或共产主义之西方文化乎？这也是目前不能不解决的问题。

中国国民的责任

以上诸种问题，负根本解决之责者即在我们中国国民，尤其是中国的青年，因青年就是未来新中国的主人故。在此时起，我们不可不将此问题搁在脑中想一想，而努力求解决之法。

中国未来之大希望

中国现今难题虽有许多，但一方面讲起来，倘若能将这些难题一一加以适当之解决，则未来之希望也非常之大。因中国人口占世界四分之一，土地占世界十六分之一，历史有五千年之久，而又物产富裕，天赋殊厚也。以此凭借，倘加以努力，前途之希望真是无穷哩。

图书在版编目（CIP）数据

中国文化小史 / 常乃惪著 . -- 北京 : 中国经济出版社 , 2024.10. -- ISBN 978-7-5136-7840-7

Ⅰ . K203

中国国家版本馆 CIP 数据核字第 202412H5R0 号

策划编辑　龚风光　王　絮　杨　祎
特邀策划　蓝色城・姚念强
责任编辑　王　絮
责任印制　马小宾
封面设计　极宇牀・静　颐

出版发行　中国经济出版社
印　刷　者　河北鑫玉鸿程印刷有限公司
经　销　者　各地新华书店
开　　　本　880mm×1230mm　1/32
印　　　张　8
字　　　数　124 千字
版　　　次　2024 年 10 月第 1 版
印　　　次　2024 年 10 月第 1 次
定　　　价　59.80 元
广告经营许可证　京西工商广字第 8179 号

中国经济出版社 网址 www.economyph.com 社址 北京市东城区安定门外大街 58 号 邮编 100011
本版图书如存在印装质量问题，请与本社销售中心联系调换（联系电话：010-57512564）

版权所有　盗版必究（举报电话：010-57512600）
国家版权局反盗版举报中心（举报电话：12390）服务热线：010-57512564